JN418878

잊고 있던 행복을 찾았습니다

지친 삶에 따뜻한 위안을 주는 어른들을 위한 동화

잊고 있던 행복을 찾았습니다

친위 지음 | 박장욱 옮김

나라원

프롤로그

이제 당신이 행복해질 차례입니다

'아, 답답해! 나는 언제쯤 맘껏 행복해질 수 있을까?'

여러분은 한 번이라도 이런 생각을 해본 적 있나요? 아니면 가끔 혹은 자주, 습관처럼 이런 생각을 하곤 하나요?

보통의 경우 무심코 하게 되는 이 생각은, 곱씹어보면 지금은 전혀 행복하지 않다는, 그저 답답하고 지루한 일상을 보내고 있을 뿐이라는 뜻이 됩니다. 지금은 힘들고 불행한데, 언젠가는 행복해지면 좋겠다는 말입니다.

그렇다면 우리는 정말, 행복을 놓쳐버린 걸까요?

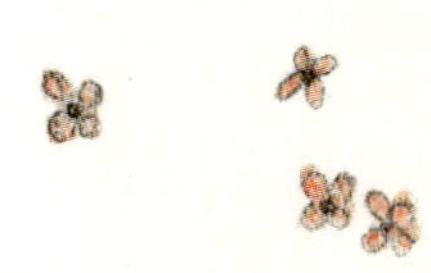

여기, 지친 삶에 따뜻한 위안을 주는 어른들을 위한 동화 50편이 있습니다. 이 이야기들은 우울한 날에 행복을 부르고, 외로운 날에는 사랑을 부르며, 포기하고픈 날에 성공을 부르고, 고달픈 날에는 위로가 되는 이야기들입니다.

이 이야기들은 여러분에게 말하고 있습니다. 세상에는 이렇게 많은 생명들이, 이렇게 많은 일을 경험하고 깨달으면서, 씩씩하고 꿋꿋하게 살아가고 있다고 말입니다. 그리고 질문합니다. 지금 당신은 어떻게 살아가고 있느냐고, 마냥 힘들다는 투정만 하고 있지는 않느냐고, 아직은 깨달아야 할 것이 많은 세상에서 눈과 귀와 마음을 닫은 채 어리석게 살고 있지는 않느냐고 말입니다.

하지만 지레 부담가질 필요는 없습니다. 그 물음에 대한 답은 이야기와 함께 담아놓은 짧은 명언 속에서 찾을 수 있을 테니까요. 그것은 여러분 삶에 좌우명으로 삼아도 좋을 만한, 세상의 지혜와 명사들의 인생철학이 담긴 한마디입니다.

사랑하는 독자 여러분, 이 책에 담겨 있는 이야기의 교훈과 명언이 주는 여운을 천천히 음미해보시기 바랍니다. 그리고 그것들이 전하는 삶의 지혜를 마음속에 차곡차곡 쌓아나가시길 바랍니다. 그리하여 여러분이 잊고 있던 행복을 다시 발견하고, 마침내 여러분의 삶에 큰 힘이 된다면, 저는 더 바랄 게 없습니다.

차 례

2 ...... 외로운 날에 사랑을 부르는 이야기

3 …… 포기하고픈 날에 성공을 부르는 이야기

4 ...... 고달픈 날에 위로가 되는 이야기

1

우울한 날에 행복을 부르는 이야기

당신이 어떤 모습이든 내겐 너무 아름다워요!

버스 안에는 통로까지 사람들로 꽉 차 있었습니다. 루시 앞에는 연인 한 쌍이 다정하게 마주앉아 서로를 껴안고 있습니다. 루시는 남자와 정면으로 마주보고 있었는데 언뜻 보니 꽤 미남이었습니다. 루시를 등지고 있는 여자는 뒷모습이 매우 아름답고 늘씬한 데다 활력이 넘쳐 보였습니다. 염색한 머리카락은 유행하는 황금색이었고, 올 여름에 가장 인기를 끌고 있는 양어깨가 드러나는 멜빵치마를 입고 있었습니다. 이 정도만 봐도 그녀는 유행을 앞서가는 전형적인 세련된 여자였습니다.

연인은 바짝 붙어서 작은 소리로 수다를 떨고 있었습니다. 여자의 손에 들려 있는 빨간 장미 한 묶음은 남자가 선물한 것인 듯 보였습니다. 두 사람은 깊은 사랑에 빠진 연인임이 분명했습니다.

여자는 남자의 말이 재미있는지, 이따금씩 큰소리로 웃었습니다. 그녀의 큰 웃음소리는 마치 "보세요. 당신들보다 제가 더 행복해 보이죠?"라고 말하는 듯했습니다. 그녀의 웃음소리는 자연스럽게 다른 사람들의 시선을 끌었는데, 사람들의 눈빛에는 부러움과 동시에 놀라움이 섞여 있었습니다.

'얼마나 예쁘기에 사람들이 저렇게 놀라는 거지?'

루시가 이런 생각을 하는 사이 두 사람의 대화는 TV 드라마로 화제가 바뀌었고, 이번에는 남자의 목소리가 커졌습니다.

"드라마 속에 나오는 그 노래, 정말 좋지 않아?"

그러자 여자가 그 노래를 가볍게 흥얼거리기 시작했습니다. 아름답고도 경쾌한 그녀의 목소리 속에는 사람의 마음을 움직이는 힘이 들어 있었습니다. 루시는 여자의 노래를 들으면서 생각했습니다.

'행복과 자신감이 넘치는 사람은 다른 사람들 앞에서도 아무 거리낌 없이 노래를 부를 수 있구나……. 나로선 상상도 할 수 없는 일이야.'

루시는 아까보다 더 우울해졌습니다.

잠시 후, 루시는 그 커플과 같은 곳에서 내리게 됐습니다. 여자의

얼굴을 볼 기회가 생긴 루시는 절세미인을 볼 거라 기대하면서 빠른 걸음으로 그들을 앞질렀습니다. 그런데 고개를 돌려 여자를 바라봤을 때 루시는 놀란 나머지 그 자리에 멈춰서고 말았습니다. 그제야 버스 안에 있던 사람들이 왜 놀라는 눈빛으로 여자를 바라봤는지 이해할 수 있었습니다.

여자의 얼굴은 화상으로 심하게 일그러져 있었습니다. 루시는 이런 그녀가 그처럼 기쁨과 행복이 가득한 표정으로 쾌활하게 웃을 수 있다는 것이 너무나 놀라웠습니다.

루시가 여자의 얼굴을 보고 멈춰 서자 연인도 잠시 루시를 의식하는 듯했습니다. 그러나 그들은 이미 사람들의 그런 시선에 익숙하다는 듯 루시를 향해 가볍게 미소를 지어 보이고는 손을 꼭 잡은 채 경쾌한 발걸음으로 루시 앞을 지나갔습니다.

행복은 외면적인 것이 아닌, 그것을 보는 방법에 달려 있다.

– 톨스토이(Leo Tolstoi, 작가)

마음을 열면
세상이 다르게 보여요

샘은 직장을 옮기면서 새 집으로 이사했습니다. 그는 새로운 직장, 새로운 집, 새로운 환경에 대해 무척 들떠 있었습니다. 하지만 그런 기분도 잠시, 그는 이사 첫날부터 불쾌해졌습니다. 같은 건물에 사는 노부부 때문이었습니다.

이삿짐을 다 옮기고 정리까지 끝낸 샘이 먹을 것을 사려고 나섰을 때 복도에서 노부부와 마주쳤는데, 그들의 눈빛에는 경계하는 기색이 역력했습니다. 반갑게 인사하려고 했던 샘은 그들의 눈빛을 보자 그런 마음이 싹 사라졌습니다.

'왜 저런 눈빛으로 나를 보는 거지? 마치 내가 도둑이라도 되는 듯한 표정이군.'

잔뜩 기분이 나빠진 샘은 인사는커녕 오히려 냉랭한 시선으로 노부부의 옆을 지나쳐갔습니다. 그는 마음이 불편했지만 그들이 먼저 고운 시선으로 보지 않았기 때문이라고 스스로를 다독였습니다.

다음 날, 샘은 기분 좋게 첫 출근을 했습니다. 그는 직원들을 만날 때마다 환한 얼굴로 인사했고, 모두 그를 반갑게 맞아주었습니다. 그런데 유독 한 여성만은 뚱한 표정으로 그의 인사를 본체만체했습니다.

'표정이 왜 저렇지? 내가 들어온 게 못마땅한가?'

샘은 신경 쓰지 않으려고 했지만, 자꾸만 그쪽으로 마음이 쏠리는 건 어쩔 수 없었습니다. 그러다가 샘은 생각을 바꿨습니다.

'쳇. 그러고 싶으면 그러라지. 이 회사에 그 여자만 있는 것도 아니고. 나도 아쉬울 게 없다고.'

그러던 어느 날이었습니다. 샘이 가스난로를 켜려 하는데 점화가 잘 안 됐습니다. 혼자 낑낑거리고 있을 때 그 여자가 곁으로 다가왔습니다.

"이봐요, 그건 그렇게 하는 게 아니에요."

여자는 능숙한 손놀림으로 난로에 불을 붙이고는 샘을 바라보며 말했습니다.

"오래된 가스난로라서 점화하는 데 요령이 필요해요. 스위치를 돌리자마자 꼭 누른 채로 열까지만 세요. 그러면 불이 붙을 거예요."

처음 듣는 여자의 따뜻한 목소리에 샘은 그녀를 이상하게 여겼던 자신이 부끄러웠습니다. 여자는 비록 무표정에 무뚝뚝하긴 해도 마음만은 누구보다 따뜻해서, 다른 사람의 어려움을 그냥 넘기지 못하는 사람이었던 것입니다.

퇴근하는 길에 샘은 문득 이사할 때 마주쳤던 노부부의 모습이 떠올랐습니다. 그는 집으로 향하던 발걸음을 되돌려 수프를 파는 음식점에 들렀습니다. 그러고는 수프 2인분을 주문했습니다. 음식점 주인이 수프를 포장하고 있는 모습을 보고 있으니 마치 애인에게 선물을 사주는 것처럼 설레었습니다.

샘은 노부부의 집 앞에서 문을 두드렸습니다. 노부인이 문을 빼끔히 열고 나왔습니다. 문틈으로 보이는 노부인의 눈빛에는 여전히 경계의 빛이 서려 있었습니다.

샘은 잠시 멈칫했지만 다시 마음을 가다듬고 웃는 얼굴로 말했습니다.

"안녕하세요. 어제 이사를 왔는데, 이삿짐을 정리하느라 미처 인사를 못 드렸네요. 샘이라고 합니다. 앞으로 잘 부탁드립니다."

그러면서 그는 사가지고 온 수프를 내밀었습니다. 노부인은 샘의 얼굴과 수프 그릇을 몇 번 번갈아 보더니 그제야 문을 활짝 열었습니다.

"여보! 좀 나와봐요. 이웃집 청년이 수프를 사왔어요."

할머니의 경쾌한 목소리를 듣고 할아버지도 곧 나왔습니다.

"뭘, 이런 걸 다 사가지고 왔소. 아무튼 잘 먹겠소. 고맙소. 앞으로 부탁할 일이 있으면 거리낌 없이 우리한테 말해요."

기뻐하는 노부부의 모습을 본 샘은 어제 자신이 본 그들의 모습 역시 오해였다는 것을 깨달았습니다.

그날 이후, 노부부는 샘과 마주칠 때마다 먼저 인사를 건넸습니다. 그럴 때마다 그들의 얼굴에는 아침 햇살처럼 밝은 웃음이 떠올랐습니다.

할아버지는 샘을 걱정해주기도 했습니다.

"젊은이, 부족한 게 있으면 우리 집에서 가져다 써. 꼭 우리 아들 같아서 말이야. 자네도 우리를 부모라고 생각해주면 고맙겠네."

샘은 진심으로 감동했습니다. 그리고 웃으면서 고개를 끄덕였습니다. 자신의 마음속에 따뜻하고 든든한 집 하나가 생긴 것 같았습니다.

인생을 살아가며

나는 한 가지 분명한 사실을 알게 됐다.

그것은 열린 마음을 잃지 않는 것이

무엇보다 중요하다는 것이다.

열린 마음은 사람에게 가장 귀중한 재산이다.

-마틴 부버(Martin Buber, 철학자)

창문을 닫아두면 창밖의 밝은 풍경을 볼 수 없습니다.

내 마음의 창문도 활짝 열어야겠습니다.

인생의 밝은 면만 바라보도록 해요

식당 지배인인 제리는 항상 기분이 좋습니다.

누군가 그에게 안부를 물으면 그는 늘 웃으며 이렇게 대답합니다.

"더할 나위 없이 즐거워!"

동료들이 일이 잘 안 풀린다며 푸념을 늘어놓으면 그때마다 제리는 사물의 좋은 면을 보는 법에 대해 이야기합니다.

"나는 매일 아침 일어나자마자 스스로에게 물어본다네. '제리, 넌 오늘 두 가지 선택을 할 수 있어. 하나는 기분이 유쾌한 것, 다른 하나는 기분이 나쁜 것!'이라고 말일세. 물론 난 항상 둘 중에 '기분이 유쾌한 것'을 선택하지.

그렇다 하더라도 안 좋은 일이 생길 때는 어떻게 하냐고? 그때는 또 이런 질문을 던지지. 나는 피해자가 되기를 선택할 수도 있고, 그로 인해 교훈을 얻는 것을 선택할 수도 있다고 말이야. 물론 난 후자를 선택해.

인생은 곧 선택이야. 상황에 어떻게 대처하느냐를 선택하는 것은, 결국 인생을 어떻게 바꾸느냐를 선택하는 셈이지."

그러던 어느 날, 제리는 자기 전에 집의 뒷문을 잠그는 걸 잊어버렸고, 불행하게도 집에 침입한 강도의 총에 맞게 됐습니다. 병원으로 실려 간 그는 18시간에 걸친 대수술을 받았습니다. 그리고 몇 주간 정밀 치료를 더 받은 후에야 퇴원할 수 있었습니다.

6개월 후, 제리의 친구가 그를 찾아왔습니다. 친구가 그에게 안부를 묻자 제리는 여전히 전처럼 쾌활하게 말했습니다.

"나야 두말할 나위 없이 즐겁지. 내 흉터 한번 볼 텐가?"

상처를 본 친구가 안타까운 눈빛으로 제리를 보며 물었습니다.

"상처가 꽤 깊었던 것 같은데……. 이제와 물어보네만, 총에 맞는 순간, 무슨 생각을 했나? 마지막이라는 생각? 이제 곧 죽는다는 생각?"

제리는 아무렇지도 않은 듯 웃으며 대답했습니다.

"바닥에 쓰러져 있는 동안에 나는, 나에게 두 개의 선택 사항이 있다고 생각했어. 하나는 죽음, 다른 하는 삶이었지. 물론 나는 삶을 선택했어. 그리고 병원으로 옮겨졌지. 의사와 간호사는 모두 좋은 사람들이었어. 그들은 나에게 괜찮을 거라고 말했지만 나를 응급실로 밀고 들어가는 그들의 표정을 보고, 이제 가망이 없다는 걸 알 수 있었지. 그때 나는 내가 어떤 행동을 취해야 한다는 걸 깨달았다네."

"행동이라니?"

"간호사가 큰 소리로 나한테 어떤 약품에 알레르기가 있는지 묻더군. 그래서 대답했지. '있어요.' 모든 간호사와 의사들이 하던 일을 멈추고 나의 다음 말을 기다리더군. 나는 숨을 깊게 들이쉬고 큰 소리로 말했어. '총알이요!' 그러자 병원은 웃음바다가 됐지. 나는 한마디 덧붙였다네. '제발 나를 살아 있는 사람으로 보고 치료해주시오. 난 아직 안 죽었단 말입니다!'라고 말이야. 하하하."

> 삶이 가끔씩 참담할 정도로 비극적일 때도 있다. 나도 물론 그런 시절을 겪었다. 하지만 당신에게 어떤 일이 닥치더라도 낙담하거나 찡그리기보다는 다소 익살스러운 태도를 갖는 것이 좋다. 요컨대 웃음을 잃으면 안 된다.
>
> – 캐서린 헵번(Katharine Hepburn, 배우)

걱정을 내려놓으면 행복지수가 올라갑니다

날씨가 좋은 상쾌한 저녁이었습니다. 모처럼 기분이 좋아진 빌리는 퇴근길에 주유소에 들렀습니다. 그런데 주유하는 동안 옆에 서 있던 주유소 직원이 그에게 느닷없이 이렇게 말했습니다.

"혹시 몸이 안 좋으신가요?"

갑작스러운 질문에 빌리는 가슴이 철렁했습니다.

"아니요. 아주 좋은데, 왜요?"

"그런데 아픈 사람처럼 보이세요."

직원은 조금도 조심하는 기색 없이 말했습니다. 빌리는 자신이 지금까지 건강에 얼마나 소홀해왔는가를 떠올리면서 대꾸했습니다. 아까보다 자신감 없는 목소리였습니다.

“하지만 저는… 좋아요! 좋은 것… 같아요. 이, 이보다 더 좋을 수 없을 정도로 말이죠.”

빌리는 말까지 더듬었습니다. 그러자 직원은 점점 더 확신에 찬 목소리로 말했습니다.

“제가 보기에는 결코 좋아 보이지 않아요. 혈색이 나빠요. 얼굴이 누런 걸요.”

빌리는 황급히 백미러에 자신의 얼굴을 비춰봤습니다. 세상에! 그의 얼굴은 확실히 누렇게 변해 있었습니다.

그 길로 황급히 주유소를 빠져나온 빌리는, 길가에 차를 세우고 거울을 다시 들여다봤습니다. 그런데 얼굴이 아까처럼 누렇게 보이지는 않았습니다. 다른 이상한 점도 발견할 수 없었습니다. 빌리는 고개를 갸웃거리며 집으로 향했습니다.

‘아까는 잘못 본 걸까? 아니야. 분명 얼굴이 노랬는데……. 집에 가서 다시 살펴봐야겠다!’

빌리는 집에 도착하자마자 다시 거울을 들여다봤습니다. 역시 얼굴빛에서 특이한 점은 없었습니다. 하지만 그것이 빌리를 더욱 불안하게 만들었습니다. 시간이 지날수록 그는 자신의 건강에 문제가 생긴 게 틀림없다고 확신하게 됐고, 결국 밤새 거울만 들여다보다가 아침을 맞았습니다.

'간에 문제가 있을지도 몰라. 어쩌면 병에 걸렸는데 내가 못 느끼고 있는 건 아닐까?'

빌리는 더욱 초조해졌습니다. 병원에 갈까도 생각해봤지만, 진단 결과가 두려워 선뜻 나서지도 못했습니다. 빌리는 우선 도서관에 가서 의학책을 살펴보기로 했습니다.

콜레라에 관한 내용을 읽고 난 후, 빌리는 자신이 콜레라에 걸린 지 이미 수개월이 됐다는 것을 알아냈습니다. 그는 너무 놀란 나머지 한동안 멍하니 앉아 있었습니다. 다시 정신을 차리고 의학서적을 계속 뒤적이던 그는 또 다른 사실을 발견해냈습니다. 무릎의 류마티스 관절염 말고도 그의 몸은 성한 곳이 한 군데도 없다는 것이었습니다. 빌리는 완전히 절망하여 그 자리에 주저앉고 말았습니다.

'의대생들은 병원에 가서 실습할 필요가 없겠어. 내가 바로 종합병원이니까. 나를 진단하고 치료하기만 해도 졸업장을 받을 수 있을 거야.'

더 이상 병원에 가는 것을 미룰 수 없다고 판단한 빌리는 한걸음에 병원으로 달려가 의사에게 말했습니다.

"선생님, 제가 왜 찾아왔는지는 굳이 말씀드리지 않아도 다 아시

겠죠? 그저 저에게 없는 병이 어떤 건지만 알려주세요. 그게 더 빠를 테니까요. 무릎의 류마티스 관절염이 있다고 해서 생명에는 지장이 없겠지만, 그렇다고 해도 제 생명이 더 길어지지는 않겠죠?"

빌리는 울먹이는 목소리로 정신없이 이야기를 꺼내놓았습니다.

잠시 후, 진단을 마친 의사는 빌리에게 처방전을 건넸습니다. 빌리는 겁이 나서 처방전을 보지도 못하고 주머니에 집어넣은 후, 곧바로 약국으로 달려갔습니다. 약사에게 처방전을 건네는 그의 손이 떨렸습니다.

그런데 처방전을 받아든 약사가 빙그레 웃더니 처방전을 되돌려주며 말했습니다.

"여기는 약국이지 음식점이 아니랍니다."

깜짝 놀란 빌리는 그제야 처방전을 읽어봤습니다. 그러고는 자신도 그만 웃음을 터뜨리고 말았습니다. 처방전에는 '스테이크 1인분, 맥주 1병–6시간마다 한 번. 10마일 걷기–매일 아침 한 번 '이라고 적혀 있는 것이었습니다.

며칠 후, 다시 그 주유소에 가게 된 빌리는 모든 것을 알게 됐습니다. 벽에 칠해진 노란색 페인트 때문에 그곳에 있는 사람들의 얼굴이 전부 노랗게 보였던 것입니다.

사람들은 실제로 벌어진 일 때문이 아니라,

앞으로의 일을 걱정하느라 고통받는다.

– 토마스 제퍼슨(Thomas Jefferson, 정치가·교육자)

걱정이 걱정을 부릅니다.

조심해야 합니다.

눈덩이처럼 커지면, 거기에 깔릴 수도 있으니까요.

당신은 이미
보물을 가지고 있어요

어느 돈 많고 늙은 부자가 아들의 앞날에 대해 심각하게 고민하고 있었습니다. 자신이 죽고 난 뒤 유산을 상속받은 아들이 방탕한 생활로 인생을 망칠까봐 걱정됐기 때문입니다. 고심 끝에 부자는 아들에게 돈 버는 방법을 가르치기로 했습니다.

그는 우선 아들을 불러 빈손으로 시작한 자신이 어떻게 해서 지금과 같은 성공을 거뒀는지에 대해 이야기했습니다. 단 한 번도 집을 떠나 생활해본 적 없는 아들에게 그의 성공담은 큰 감동과 용기를 줬습니다.

아들은 그 앞에서 당당하게 맹세했습니다.

"저 혼자 힘으로 보물을 찾지 못하면 절대 돌아오지 않겠습니다."

며칠 후, 아들은 튼튼한 배 한 척을 준비해 가족과 친구들의 환송을 받으며 바다로 나갔습니다. 그리고 거센 풍랑과 싸우며 수많은 섬들을 지나 열대 우림에 도착했습니다. 그 속에서 아들은 높이가 자그마치 10미터가 넘는 나무를 발견했는데, 특이하게도 그 나무는 우거진 나무숲에 단 두 그루밖에 없었습니다. 아들은 일단 그 나무를 베어뒀습니다.

1년이 지나자 베어뒀던 나무의 겉껍질은 전부 썩고, 가운데 단단하고 시커먼 부분만 남았는데, 거기에서 아주 좋은 향기가 풍겼습니다. 특이한 점은 그뿐만이 아니었습니다. 아들이 그 나무를 뗏목으로 쓰려고 했으나, 다른 나무들처럼 물 위에 둥둥 뜨지 않고 깊이 가라앉았던 것입니다.

"이것이 바로 내가 찾던 보물이구나!"

아들은 곧장 향기나는 나무를 짊어지고 시장으로 나갔습니다. 그런데 사가는 사람이 단 한 명도 없었습니다. 그는 매우 상심했습니다.

우연히 시선을 돌린 아들은 옆자리 좌판에서 날개 돋친 듯 팔려나가는 숯을 보았습니다. 처음에는 동요하지 않았던 그도 하루하루 지날수록 조금씩 마음이 흔들리기 시작했습니다.

'숯이 저렇게 잘 팔리는데, 내가 이 나무의 향기만을 고집할 이유

가 없지.'

다음 날, 아들은 향기나는 나무를 모두 태워 숯으로 만들었습니다. 예상대로 숯은 금세 동이 났습니다.

품목을 바꾸길 잘했다고 여기고 득의양양하게 집에 돌아온 아들은, 그동안의 일들을 부자에게 모두 전했습니다. 그런데 어찌된 일인지 부자는 가슴을 치며 눈물을 흘리는 게 아닙니까!

영문을 모르는 아들이 부자에게 물었습니다.

"왜 그러세요, 아버지. 제가 자랑스럽지 않으세요?"

그제야 부자는 아들에게 말했습니다.

"네가 태워서 숯으로 만든 향기나는 나무는 세계에서 가장 진귀한 침향목沈香木이다. 이 나무를 한 덩어리만 잘라 가루로 만들어 팔아도 숯 한 수레보다 훨씬 비싸게 팔 수 있거늘!"

결국 아들은 고개를 푹 숙인 채 아무 말도 하지 못했습니다.

자신이 소유하고 있는 것의 가치를 모르는 자는 불행하다. 비록 그가 이 세상의 주인일지라도.

– 에피쿠로스(Epikouros, 고대 철학자)

답답한 건 마음 탓이에요

어떤 남자가 마약 혐의로 구속돼 교도소로 가게 됐습니다. 그는 독방에 갇혔습니다. 몸 하나 겨우 누일 수 있는 좁은 독방에는 햇빛조차 들지 않는 어둠뿐이었습니다.

'지옥이 따로 없군.'

독방에서 그가 할 수 있는 일이라고는 오로지 하루 종일 벽을 바라보는 것뿐이었습니다. 숨을 쉬고 있어도, 마치 호흡이 멈춘 것처럼 가슴은 답답하기만 했습니다. 그는 자신을 이런 곳에 가둔 사람들을 원망하며 시간을 보냈습니다.

그러던 어느 날, 그는 독방에 파리 한 마리가 들어와 날고 있는 걸 발견했습니다. 윙윙거리며 여기저기 정신없이 날아다니는 파리를 보면서 그는 생각했습니다.

'가뜩이나 짜증 나 죽겠는데, 파리까지 나를 약 올리는구나. 네 이놈 잘 만났다. 어디 한번 죽어봐라!'

그는 파리가 벽에 앉을 때마다 조심스럽게 다가가 손을 뻗었지만 번번이 실패하고 말았습니다. 한참 동안 실랑이를 벌여도 파리를 잡지 못하자 지칠 대로 지쳐버린 그는 바닥에 털썩 주저앉으면서 이렇게 탄식했습니다.

"내 감방이 비좁은 줄만 알았는데, 파리 한 마리도 잡지 못하는 걸 보니 그렇게 좁은 것도 아니구나!"

행복은 우리에게 무슨 일이 일어나느냐에 좌우되는 게 아니라 우리가 어떻게 인식하느냐에 좌우된다. 모든 부정적인 것에서 긍정적인 것을 찾는 태도, 좌절을 도전으로 인식하는 태도야말로 행복의 열쇠이다.

– 린 피터스(Lynn Peters, 작가)

돈으로 모든 걸 살 수는 없어요

죽음을 눈앞에 둔 상인이 있었습니다. 병상에 누워 있던 그는 어느 날 창문을 통해 동네 꼬마들이 개구리를 잡고 노는 모습을 보게 됐습니다. 순간 그의 머릿속에 죽기 전에 꼭 해야 할 일이 떠올랐습니다.

그는 네 명의 아들을 불러놓고 이렇게 말했습니다.

"저 아이들처럼 개구리를 잡아다 주겠니? 오랫동안 개구리를 보지 못했구나."

그러자 네 명의 아들들은 각자 흩어져서 개구리를 잡기 시작했습니다.

가장 먼저 큰아들이 개구리 한 마리를 잡아서 돌아왔습니다.

"어떻게 이렇게 빨리 잡아왔니?"

큰아들이 어깨를 으쓱하며 대답했습니다.

"아버지께서 사주신 리모컨자동차와 바꿨어요."

상인은 조용히 고개를 끄덕였습니다.

잠시 후, 둘째 아들이 개구리 두 마리를 들고 돌아왔습니다.

"너도 빨리 왔구나. 그래, 개구리는 어떻게 잡았니?"

둘째 아들이 싱글벙글 웃으며 대답했습니다.

“아버지께서 사주신 리모컨자동차를 친구에게 빌려주고 3천 원을 받았지요. 그런 다음 다른 친구에게 2천 원을 주고 개구리 두 마리를 샀어요. 여기, 남은 돈 천 원도 있어요.”

상인은 웃으며 고개를 끄덕였습니다.

곧이어 셋째 아들이 돌아왔습니다. 그의 손에는 무려 열 마리나 되는 개구리가 들려 있었습니다. 상인은 물론 먼저 와 있던 두 아들은 눈이 휘둥그레졌습니다.

상인이 물었습니다.

"어떻게 이렇게 많이 잡아왔니?"

셋째 아들은 개구리를 담은 통을 번쩍 들어 보이며 자랑스러운 듯 말했습니다.

"아버지가 사주신 리모컨자동차를 들고, '이 자동차 가지고 놀 사람은 개구리 한 마리씩 가져와!'라고 외쳤어요. 그랬더니 친구들이 너도나도 타겠다고 몰려들지 뭐예요. 사실 아버지께 빨리 가져다 드리려고 지금 돌아와서 그렇지 조금 더 있었다면 최소한 여덟 마리는 더 가져올 수 있었어요!"

상인은 웃으며 셋째 아들의 머리를 쓰다듬었습니다.

해가 질 무렵이 되자 막내아들이 돌아왔습니다. 그런데 막내는 온몸이 땀과 진흙으로 범벅이 된 데다 빈손이었습니다.

"막내야, 너는 어떻게 된 거니? 친구랑 싸웠니?"

그러자 막내아들이 울먹이며 대답했습니다.

"친구들이랑 개구리를 잡으러 쫓아다녔는데 한 마리도 못 잡았어요. 이리저리 정신없이 돌아다니다 보니 시간 가는 줄 모르고 그만……."

그런데 막내아들의 이야기를 듣고 난 상인은 갑자기 크게 웃더니 땀범벅이 된 막내아들의 얼굴을 어루만지며 품에 안았습니다. 아들들은 영문을 몰라 서로의 얼굴만 쳐다볼 뿐이었습니다.

다음 날 아침, 네 명의 아들이 상인에게 아침인사를 드리러 갔을 때 그는 이미 세상을 떠나고 없었습니다. 대신 그의 머리맡에는 편지 한 장이 남겨져 있었습니다.

사랑하는 나의 아들들아.

이 애비는 평생 돈만 좇으며 살아왔단다. 덕분에 지금처럼 풍족한 생활을 할 수 있게 됐지. 하지만 죽음을 앞두고 인생을 되돌아보니 나는 돈 이외의 다른 것들은 모두 놓치고 살아왔더구나. 창밖에서 개구리를 잡고 노는 아이들이 내게 깨달음을 줬어.

실은 내가 너희들에게 원했던 것도 개구리가 아니었단다. 나는 너희들이 개구리를 잡으면서 즐거움을 찾고, 또 그것을 즐기길 바랐어. 막내처럼 말이야.

얘들아. 세상에는 돈으로도 살 수 없는 값진 것들이 참으로 많단다. 부디 그걸 잊지 말아라. 그리고 너희들이 살아가는 동안 그것들을 하나씩 찾길 바란다.

돈으로 살 수 있는 행복이라는 상품은 없다.

– 헨리 밴 다이크(Henry van Dyke, 시인)

마음에 남는 것들은 대개 소중합니다.

사랑, 기쁨, 행복, 보람…….

그런데 그것들은 절대 돈으로 살 수 없지요.

대신, 마음을 열고 찾아보면

얼마든지 내 것이 될 수 있습니다.

좋은 말을 습관처럼 해보세요

1930년대 독일의 작은 마을에 한 유대인 전도사가 살고 있었습니다. 그는 매일 새벽 똑같은 시간에 마을길을 산책하면서 사람들을 만날 때마다 이렇게 인사했습니다.

"좋은 아침입니다!"

그의 인사는 늘 한결같이 활기가 넘쳤습니다.

한편, 이 마을에는 뮐러라는 청년이 살고 있었는데, 그는 전도사의 인사에 언제나 시큰둥한 반응을 보였습니다. 그럼에도 불구하고 전도사는 그를 볼 때마다 변함없이 활기차게 인사를 건넸습니다.

몇 년 후, 독일에서는 나치당이 집권하게 됐고 전도사를 비롯한 마을의 유대인들은 모두 강제 소집돼 수용소로 보내졌습니다.

유대인들이 줄을 지어 앞으로 가고 있을 때, 지휘봉을 든 군관 한 명이 대열의 맨 앞쪽에서 지휘봉을 까딱거리며 말하고 있었습니다.

"당신은 왼쪽. 다음. 당신은 오른쪽."

왼쪽으로 보내진 사람은 죽을 운명이었고, 오른쪽으로 보내진 사람은 그나마 살아남을 수 있는 희망이 있었습니다.

어느새 전도사의 차례가 됐습니다. 그는 절망적인 심정으로 고개를 들었습니다. 그런데 군관과 눈이 마주치는 순간, 전도사는 자신도 모르게 이렇게 말했습니다.

"좋은 아침입니다. 뮐러 씨!"

뮐러의 표정은 여전히 시큰둥했지만, 이렇게 대답했습니다.

"좋은 아침입니다……."

그 소리는 너무 작아서 오직 두 사람만 알아들을 수 있었습니다. 뮐러는 자신의 행동에 스스로도 놀라는 듯하더니 곧이어 지휘봉으로 힘차게 오른쪽을 가리켰습니다.

행복은 습관이다. 그것을 몸에 지니라.

– 허버트(George Herbert, 목사·시인)

헛된 꿈으로
행복을 놓치고 있진 않나요?

깊은 바닷속에 물고기 한 마리가 살고 있었습니다. 바다생활이 너무 지루해 바다를 떠날 기회만을 노리고 있던 물고기는 어부의 그물에 걸려 육지로 나오게 됐습니다.

물고기는 펄쩍 뛰어오르며 환호했습니다.

"드디어 지긋지긋한 바다에서 벗어나게 됐구나!"

하지만 기쁨도 잠시, 물고기는 어부와 그의 아들이 자신을 어떻게 요리할지 의논하는 소리를 듣고는 그 자리에서 기절하고 말았습니다.

한참 후에 정신을 차린 물고기는 자신이 여전히 살아 있다는 것에 안도하며 주위를 둘러보았습니다. 그곳은 어항 안이었습니다. 어부가 물고기의 아름다운 무늬를 보고 집에서 기르기로 마음을 바꿨던 것입니다. 어항은 바다와 비교도 안 될 만큼 좁았지만, 물고기는 바다를 떠났다는 것만으로도 만족했습니다.

이렇게 해서 어항생활을 시작하게 된 물고기는 어부가 매일 먹이를 넣어줄 때마다 신나게 몸을 흔들며 아름다운 장식을 보여줬습니다. 그러면 어부도 좋아하며 먹이를 한 움큼 더 넣어주곤 했습니다.

물고기는 가끔 바다에서 살던 시절을 떠올렸습니다. 그때는 매일 스스로 먹이를 찾아야만 했고, 언제 있을지 모를 천적의 습격에도 대비해야 했습니다. 지금쯤 친구들은 며칠째 아무것도 못 먹고 있을지도 모르고, 누군가의 뱃속에 들어갔을지도 모릅니다. 물고기는 먹이를 한꺼번에 입안에 밀어 넣으며, 혼자 이렇게 중얼거렸습니다.

"이게 바로 진정한 삶이지. 다시는 바다로 돌아가지 않겠어."

그는 현재의 모든 것이 자신처럼 아름다운 물고기가 받아야 할 합당한 대우라 생각했습니다. 그리고 자신의 운명과 현재의 생활, 자신이 가진 아름다운 무늬를 축복하기 시작했습니다.

"누가 뭐래도 난 아름다운 물고기잖아!"

그러던 어느 날, 어부는 보름 정도 후에나 돌아온다는 말을 남기고 먼바다로 나가버렸습니다. 집에는 어부의 아들과 물고기 단 둘만 남게 됐습니다.

첫째 날, 물고기는 제때에 먹이를 먹지 못했습니다. 둘째 날은 아예 아무것도 먹지 못했습니다. 물고기는 어부의 아들이 자신처럼 아름다운 물고기를 소홀히 대한다며 원망하기 시작했습니다. 셋째 날, 그는 점점 버티기가 힘들어졌고, 배가 고파서 머리가 핑핑 돌 정도

였습니다. 그러나 바다에서 살 때는 열흘 동안 굶은 적도 있었다는 것을 떠올리고는, 지금은 그나마 행복한 거라며 스스로를 위로했습니다. 물고기는 힘을 내 열심히 몸을 움직여봤지만, 수영 실력은 예전 같지 않았습니다. 넷째 날, 드디어 먹을 것이 생겼습니다. 하지만 그것은 물고기 먹이가 아니라, 어부 아들이 먹다 남긴 빵 부스러기였습니다. 물고기는 기분이 상했지만, 너무 배가 고픈 나머지 불평은 접어두기로 하고 허겁지겁 먹기 시작했습니다. 그 후로 어부의 아들은 사흘이나 닷새 간격으로 빵 부스러기를 던져줬고, 그럴수록 물고기의 원망은 커져만 갔습니다.

그러던 중, 물고기는 슬픈 소식을 들었습니다. 바다에 나갔던 어부가 폭풍우를 만나 세상을 떠났다는 것이었습니다. 물고기는 이제 더 이상 자신을 아껴줄 사람이 없다는 생각에 슬퍼지기 시작했습니다. 그때 어부의 아들이 동네 사람들과 이야기하는 소리가 들려왔습니다.

"아버지도 안 계신데, 저 혼자 여기 머물 이유가 없어졌어요. 다른 곳으로 가서 일자리를 알아봐야죠."

그 이야기를 들은 물고기는 새로운 희망에 부풀기 시작했습니다. 다른 곳에서 지금보다 더 멋지게 살게 될 거라는 희망이었습니다.

그런데 이사하던 날, 어부의 아들은 어항만 남겨둔 채 차에 짐을 싣고는 떠나버렸습니다. 물고기는 있는 힘껏 소리쳤습니다.

"이봐! 나 좀 데려가! 제발 날 버려두고 가지 마!"

하지만 어부의 아들이 뒤돌아볼 리 없었습니다. 결국 물고기는 텅 빈 집 안의 낡은 어항 속에 혼자 덩그러니 남겨졌습니다.

물고기는 깊은 슬픔에 빠졌습니다. 자신에게 그렇게 잘 해주던 어부가 죽고, 빵 부스러기를 넣어줄 사람조차 없이 어항 안에 꼼짝없이 갇히는 신세가 됐기 때문입니다.

그때부터 물고기의 원망은 다시 시작됐습니다. 자신을 남겨두고 바다에 나간 어부를 원망했고, 자신에게 너무 무례했던 어부의 아들을 원망했고, 비좁은 어항을 원망했고, 심지어 바다를 떠나고 싶다고 했을 때 자신을 말리지 않았던 친구들까지 원망하기 시작했습니다. 그러다가 물고기는 힘없이 잠이 들었고, 꿈을 꾸기 시작했습니다. 마침 근처를 지나던 부유한 상인이 자신을 조심스럽게 집으로 데려가 큰 연못에서 매일 맛있는 먹이를 주며 키우는 꿈이었습니다.

물고기는 다음 날 아침까지도 꿈에서 깨어나지 않았습니다. 다음 날도, 그 다음 날도, 영원히.

행복에서 불행까지는 고작 한 걸음밖에 안 되지만, 불행에서 행복까지는 멀기만 하다.

– 유대 격언

행복한 상상만으로도 살아갈 만합니다

중국의 어느 마을에 의지할 곳 하나 없이 혼자 외롭게 살고 있는 할머니가 있었습니다. 할머니의 남편은 할머니가 스물여섯 살 때 사업을 위해 집을 떠난 후 소식이 끊겨 아직까지 돌아오지 않았습니다. 전쟁 중에 총에 맞아 죽었는지, 객지에서 병으로 죽었는지, 아니면 누군가의 말대로 새장가를 갔는지 전혀 알 길이 없었습니다. 당시 할머니가 의지할 유일한 가족은 다섯 살배기 아들뿐이었습니다.

남편이 떠난 후, 몇 년 동안 소식이 없자 마을 사람들은 할머니에게 재혼을 권했습니다.

"남편도 없고, 아이도 저렇게 어린데 언제까지 혼자 지낼 거야?"

그럴 때마다 할머니는 고개를 가로저었습니다. 남편의 생사도 분명하지 않은 데다가 남편이 언젠가는 부자가 되어 돌아올 거라고 믿었기 때문입니다. 할머니는 늘 집 안을 깔끔하게 정리해놓고 남편을 기다렸습니다. 만약 남편이 부자가 되어 집에 돌아왔을 때 더럽고 누추한 집을 보고 실망하지 않도록 하기 위해서였습니다.

그렇게 세월은 흘렀고, 할머니의 아들도 어느덧 열일곱 살의 청년이 됐습니다. 아들은 할머니에게 남편의 자리를 대신할 만큼 큰 위안이 되는 존재였습니다. 그러던 어느 날 갑자기 아들이 집을 떠나겠다고 했습니다. 전쟁 중에 이 마을을 지나던 부대를 따라가서 아버지를 찾아오겠다는 것이었습니다. 할머니는 눈물로 아들을 보낼 수밖에 없었습니다.

하지만 얼마 후 할머니는 아들과도 연락이 끊기고 말았습니다. 누군가 아들이 전사했다고 말해줬지만 할머니는 믿지 않았습니다.

"우리 아들이 얼마나 힘이 센데! 그런 장정이 어떻게 그리 쉽게 죽을 수 있어? 절대 그럴 리 없어!"

심지어 할머니는 아들이 죽지 않았을 뿐만 아니라 장교가 됐고, 전쟁이 끝나면 금의환향할 거라고 믿었습니다. 그때쯤이면 며느리도 얻었을 테고, 그 며느리가 손자를 낳아 한 가족이 되어 있을지도 모른다고 생각했습니다.

하지만 몇 년이 흘러도 아들의 소식은 들려오지 않았습니다. 그래도 할머니는 희망을 버리지 않았습니다. 포기하기는커녕 수놓는 일을 시작해 악착같이 돈을 모았습니다. 할머니는 이렇게 모은 돈으로 집을 새로 지으면서 남편과 아들이 돌아오면 함께 살 거라고 마을 사람들에게 자랑했습니다.

그러던 어느 해인가, 할머니가 큰 병에 걸렸습니다. 의사는 더 이상 가망이 없다며 고개를 저었지만 할머니는 기적적으로 살아났습니다.

"죽을 수 없어. 이대로는 죽을 수 없어. 내가 죽으면 남편과 아들이 돌아올 집이 없잖아."

그 후, 백 살이 넘은 할머니는 여전히 건강한 모습으로, 지금쯤이면 아들이 손자를 낳고, 그 손자가 또 아들을 낳았을 거라는 행복한 상상을 하며 하루하루를 보냈습니다.

희망이란 무엇인가. 가냘픈 풀잎에 맺힌 아침 이슬이거나, 좁디좁은 위태로운 길목에서 빛나는 거미줄이다.

– 워즈워스(William Wordsworth, 시인)

거리를 두고 바라보는 게
더 좋을 때도 있어요

어느 날 어떤 남자가 친구와 함께 등산을 갔습니다. 올라가던 중 산허리에 있는 식당에서 잠시 쉬어가기로 한 두 사람은 테이블을 사이에 두고 마주 앉았습니다.

주변 풍경을 둘러보던 남자는 식당 뒤편으로 그림처럼 보이는 홰나무에 시선이 멈췄습니다. 때마침 진한 꽃향기가 가슴 깊이 파고들었고, 식당 앞 작은 정원에 있는 청죽 잎사귀는 미풍에 날려 '쏴' 하는 소리를 냈습니다.

이와 같은 풍경에 홀딱 반해버린 남자는 친구에게 말했습니다.

"남은 생을 이곳에서 보낸다면 얼마나 좋겠는가! 한 번뿐인 인생인데 마음 편히 즐기면서 살아야지. 안 그래?"

그 말을 들은 식당 주인이 웃으며 말했습니다.

"멀리서 바라보니 그렇게 생각할 수 있는 거예요. 실제로 살아보면 반년도 못 살고 원래 살던 곳으로 돌아가고 싶을 걸요?"

"어째서죠?"

"사람들은 다 그래요. 아무리 아름다운 곳도 오래 살다 보면 그 아름다움을 느끼지 못하죠."

남자는 믿을 수 없다는 듯 창밖을 보며 말했습니다.

"나는 그렇지 않을 겁니다. 이 풍경과 함께라면 몇 년이고 행복하게 살 수 있어요."

식당 주인은 여전히 웃음을 띠며 말했습니다.

"저도 처음 여기 왔을 때는 정말 좋았어요. 하지만 얼마 지나지 않아 산 위의 날씨가 평지와는 비교할 수 없이 나쁘다는 사실을 알게 됐죠. 여기는 비가 많이 오는 데다 바람도 훨씬 강하게 불어요. 한번은 바람이 어찌나 세게 불던지 온 집이 날아갈 것처럼 흔들려서 얼마나 놀랐는지 몰라요. 무서워서 밤새도록 한잠도 못 잤어요. 또, 어느 날은 갑자기 비가 억수같이 쏟아져서 시체조차 어디에 묻혔는지 모르게 쓸려 가버릴까 봐 무서워서 혼이 났다니까요!"

이 말에 남자는 말 없이 술잔만 기울였습니다.

행복의 필수 조건은

갖고 싶어도 가질 수 없는 게 있음을

아는 것이다.

- 러셀(Bertrand Arthur William Russell, 논리학자)

2

외로운 날에 사랑을 부르는 이야기

소중함은 미루는 게 아니에요

빌은 승진한 이후 거의 1년 동안 휴일도 없이 바빴습니다. 그런 그가 모처럼 만에 2주의 휴가를 얻었습니다. 그는 이날을 손꼽아 기다리며 오래 전부터 가고 싶었던 곳으로 여행을 떠나기로 했습니다.

드디어 여행을 떠나는 날이었습니다. 집을 막 나서려는 순간, 빌은 어머니에게 오랫동안 안부전화를 드리지 못했다는 사실을 떠올렸습니다. 그는 곧 어머니에게 전화를 걸었습니다.

"어머니, 접니다. 잘 지내시죠?"

빌의 목소리에 어머니는 무척 들뜬 목소리로 말했습니다.

"그래, 빌. 나야 잘 있었지. 전화해줘서 고맙구나. 이제 바쁜 일은 끝난 거냐? 오늘 올 거야?"

빌은 잠시 멈칫하며 고민했습니다. 하지만 오래 전부터 세워뒀던 여행계획을 이제 와서 취소할 수는 없었습니다.

"아… 어머니, 저… 실은, 지금 여행을 떠나는 길이에요. 이미 지불이 되어 있는 거라 취소할 수가 없어요. 죄송하지만 다녀와서 꼭 찾아뵐게요."

빌은 어렵게 말을 꺼냈습니다. 그러자 수화기 너머에서 아주 작은 한숨과 함께 실망한 듯한 어머니의 목소리가 들려왔습니다.

"그래, 그럼 할 수 없지. 그동안 고생 많았으니 여행 가서 푹 쉬다 오렴. 우리는 다음에 보자꾸나. 몸조심하고."

빌은 그러겠다고 약속하고는 조용히 전화를 끊었습니다. 마음이 무거웠지만, 어머니는 마음만 먹으면 언제든 뵐 수 있다는 생각으로 미안한 마음을 떨쳐버리려 애썼습니다.

빌은 곧장 고속도로로 접어들었습니다. 그런데 그때, 그의 머릿속을 스치는 생각이 있었습니다.

'아차! 오늘 어머니 생신이지!'

그는 힘들게 차를 돌려 근처 꽃집으로 향했습니다. 그런데 그가 가게에 들어서자, 계산대 앞에서 열 살쯤 되어 보이는 소년이 난감한 표정으로 서 있었습니다.

꽃가게 주인이 소년에게 물었습니다.

"얘야, 어떡할래? 살 거니, 말 거니?"

소년은 아무 대답도 못한 채 머뭇거리고만 있었습니다. 꽃값이 모자랐던 것입니다.

빌이 웃으며 소년에게 다가가 말했습니다.

"얘야, 그 꽃 누구에게 줄 거니?"

소년은 울먹이는 목소리로 대답했습니다.

"엄마한테 드리려고요. 오늘이 엄마 생신이거든요."

"괜찮다면 모자라는 돈은 아저씨가 보태주고 싶은데……. 아저씨도 어머니 생신 선물을 사러 왔거든."

소년은 난감한 듯 잠시 망설이더니 대답했습니다.

"그렇게 해주신다면 감사하지만……. 그럼 다음에 제가 그 돈을 꼭 갚을게요."

"아니다, 얘야. 비록 우리는 오늘 처음 만났지만, 어머니의 생신 선물을 사러 온 사람들이니까, 그 기념으로 내가 선물해주고 싶구나."

그러자 소년은 빌에게 꾸벅 인사를 하며 말했습니다.

"고맙습니다. 저희 엄마도 아저씨께 무척 고마워하실 거예요."

꽃을 들고 환하게 웃으며 가게 문을 나서는 소년을 보자, 빌도 덩달아 기분이 좋아졌습니다.

빌은 서둘러 장미와 카네이션을 고른 다음, 꽃집 주인에게 어머니의 주소를 적어주면서 배달을 부탁했습니다. 그러고는 다시 여행지를 향해 출발했습니다.

그런데 빌이 작은 모퉁이를 돌 때였습니다. 그곳은 공원묘지였는데, 아까 꽃집에서 만났던 소년이 작은 무덤가에 앉아 있는 것이 보였습니다. 비석 앞에는 좀 전에 산 꽃이 놓여 있었습니다.

"애야!"

빌이 차를 멈춰 세우고 소년을 부르자, 아이는 환한 얼굴로 손을 흔들며 말했습니다.

"아저씨! 엄마가 꽃이 마음에 드신대요. 정말 감사합니다!"

순간 빌은 가슴에서 뭔가가 울컥하는 것을 느꼈습니다. 그는 황급히 차를 돌려 꽃집으로 향했습니다.

빌은 헐레벌떡 꽃집으로 뛰어 들어가서 말했습니다.

"방금 전에 제가 주문한 꽃을 배달하셨나요?"

"아직요."

"좋아요. 잘됐어요. 제가 직접 가지고 가죠."

나무가 고요하고자 하나 바람이 멈추지 않고,

자식이 효도하고자 하나 어버이가 기다리지 않는다.

-《한시외전(韓詩外傳)》 중에서

우리는 가끔 사랑하는 사람이

영원히 내 곁에 있을 거라고 착각합니다.

그건 잘못됐다거나 나쁘다고 탓할 일은 아닙니다.

살다 보면 누구나 한 번쯤 그런 생각을 하게 마련이니까요.

다만, 그것이 착각임을 좀 더 빨리 깨달았으면 좋겠습니다.

생각만으로도 행복해진다면,
사랑이에요

부유한 상인이 있었습니다. 그는 낙타의 등에 비단을 잔뜩 싣고 전국 각지를 누볐습니다. 그가 끝없이 긴 낙타 행렬을 거느리고 지나갈 때마다 사람들은 부러움의 시선을 보냈습니다. 하지만 상인은 전혀 기쁘지 않은 듯 늘 무표정했습니다.

이런 그를 보고 사람들은 수군거렸습니다.

"저 거만한 표정 좀 봐. 쳇! 돈만 많으면 다야?"

"아니면, 지금보다 돈을 더 많이 못 벌어서 심술이 난 건가!"

한편, 매일 산에 올라 땔감을 구하는 젊은 나무꾼이 있었습니다. 도끼와 지게만이 그의 유일한 재산이었지만, 나무꾼은 늘 웃음 띤 얼굴로 콧노래를 불렀습니다. 그는 항상 행복했습니다.

어느 날 상인과 나무꾼은 산에서 마주쳤습니다. 같은 마을에 사는 그들에게는 종종 있는 일이었습니다.

나무꾼이 먼저 상인에게 인사를 건넸습니다.

"아저씨, 안녕하세요? 요즘도 장사 잘 되시나요?"

"늘 그렇지, 뭐. 특별할 건 없어. 그나저나 자네는 오늘도 즐거워 보이는군!"

상인은 무표정한 얼굴로 힘없이 대답하고는 옆에 있던 바위에 앉았습니다. 나무꾼도 지게를 내려놓고 그 옆에 앉았습니다. 두 사람은 한동안 말없이 앉아 있기만 했습니다. 그러다가 상인이 먼저 말문을 열었습니다.

"정말 모르겠네. 자네는 가난하면서도 어떻게 그렇게 항상 즐거울 수 있나? 혹시 엄청난 보물이라도 숨겨놓은 건가?"

나무꾼은 웃으면서 말을 받았습니다.

"글쎄요, 저도 잘 모르겠어요. 그런데 아저씨는 재산도 많으면서 왜 매일 그렇게 수심이 가득한 얼굴을 하고 있죠?"

"부자면 뭘 하나. 돈 때문에 가족들의 싸움이 끊일 날이 없는 걸. 식구들은 어떻게 하면 재산을 더 늘릴까 하는 생각뿐이야. 나에게 진심을 보여준 사람은 아무도 없어. 물론 내가 집에 들어가면 웃는 얼굴로 반기기는 하지. 하지만 난 잘 모르겠어. 나를 보고 웃는 건지, 아니면 내 돈을 보고 웃는 건지. 그래서 나는 항상 기댈 곳 없이 고독하다네. 재산이 많긴 해도 가끔씩 내 자신이 아무것도 가진 것 없는 빈털터리라는 느낌을 지울 수 없어. 나는 언제쯤 진심으로 행복해질 수 있을까?"

상인의 이야기를 진지하게 듣고 있던 나무꾼이 말했습니다.

"아저씨에게 그런 속사정이 있는 줄은 몰랐군요. 가진 게 아무것도 없는 저도 늘 이렇게 행복하기만 한데……. 제가 행복한 이유를 알려드릴까요?"

그러자 상인은 갑자기 활기를 띠며 고개를 끄덕였습니다.

"이건 지금까지 누구에게도 말하지 않았던 비밀인데, 아저씨를 위해서 특별히 말씀드릴게요. 사실, 제게는 무엇과도 바꿀 수 없는 보물이 있답니다."

상인은 호기심 가득한 눈빛으로 물었습니다.

"보물이라니? 어떤 보물?"

"그건 제가 사랑하는 사람과 관련이 있어요."

"그래? 그럼 자네에겐 현명한 아내가 있겠군."

"아니요, 없어요. 저는 아직 결혼도 안 한 걸요."

"그럼 머지않아 결혼할 약혼녀가 있는 것이 분명해."

상인이 확신에 찬 말투로 말했습니다.

"아니요. 저는 약혼 같은 걸 한 적도 없어요."

"수수께끼 같은 소리 그만하고 얼른 이야기 좀 해보게. 자네의 보물은 뭐고, 사랑하는 사람과 관련이 있다는 건 또 뭔가?"

"그 보물은 어떤 예쁜 아가씨가 저에게 준 거예요."

"어떤 보물이기에 자네를 이렇게 행복하게 만들었나? 번쩍번쩍 빛나는 약혼선물인가? 아니면 달콤한 키스였나? 그것도 아니면……?"

나무꾼은 잠시 뜸을 들이더니 들뜬 목소리로 대답했습니다.

"그 예쁜 아가씨는 저하고 한마디도 대화를 나눠본 적이 없어요. 마을에서 저와 마주칠 때마다 항상 급히 지나쳐가더라고요. 게다가 3년 전에 이곳을 떠났죠. 그런데 그녀가 막 차를 타고 떠나려는 순간……."

나무꾼은 그때를 생각하며 행복한 표정을 지었습니다.

"그녀가 어쨌는데?"

상인은 나무꾼 옆에 좀 더 바짝 붙어 앉아 대답을 기다렸습니다.

"그녀는 저에게 사랑이 듬뿍 담긴 눈빛을 던졌어요! 그 눈빛만으로도 저는 충분히 행복했죠. 지금도 저는 그 순간을 마음속에 소중하게 간직하고 있어요. 그건 바로, 저를 행복하게 만드는 '영원한 순간'이라는 보물이죠."

상인은 행복한 회상에 잠긴 나무꾼의 표정을 보면서, 그동안 자신이 잊고 있던 것에 대해 다시 생각하게 됐습니다.

'진정한 부자는 바로 내 옆에 있었구나. 그리고 돈만 쫓아다니는 나는 명실상부한 빈털터리이고 말이야.'

사랑, 오직 이것에 의해서만 일생은 버텨지며, 전진을 계속한다. - 투르게네프(Ivan Sergeevich Turgenev, 소설가)

사랑은 귀 기울임을 좋아해요

데니는 학교에서 가장 인기 많은 남학생입니다. 큰 키에 다부진 체격, 짙은 갈색 머릿결과 에메랄드빛 눈동자, 거기다 운동이면 운동, 공부면 공부, 못하는 게 없었습니다. 자연히 여학생들은 그의 관심을 끌기 위해 애썼고, 그들끼리 묘한 경쟁을 벌이기도 했습니다.

하지만 데니는 어떤 여학생에게도 관심을 보이지 않았습니다. 그는 겉모습이나 조건에 상관없이 모든 여학생을 똑같이 대했습니다. 그렇다고 그에게 여자친구가 있는 것도 아니었습니다.

한편 엘라는 전교에서 유일하게 데니에게 이성적인 관심이 없는 여학생이었습니다. 엘라는 동성친구 대하듯 덤덤하게 그를 대했습니다. 다만 그녀는 데니의 말을 귀담아들어 주었고, 누구보다 그를 깊이 이해해주었습니다. 그 덕분에 둘은 가장 친한 친구가 됐습니다. 둘은 매일 만나 이야기하고 서로의 생각을 나눴습니다.

그러던 어느 날, 데니가 말도 없이 결석하더니, 그 후 일주일 동안 학교에 나오지 않았습니다. 그의 어머니가 돌아가셨다는 소식만 들려올 뿐이었습니다. 며칠 후에 데니는 다시 학교에 돌아왔지만 누구도 감히 그에게 다가가지 못했습니다. 그는 힘들고 피곤해 보였으며 마치 삶의 이유를 잃어버린 사람처럼 눈빛에 생기가 없었습니다. 데니를 좋아하던 여학생들은 그에게 무슨 말을 어떻게 건네야 할지 몰랐습니다. 가볍고 낯간지러운 이야기는 더 이상 그의 마음을 움직이지 못한다는 것을 알고 있었기 때문입니다.

그날 오후, 데니와 엘라는 우연히 마주쳤습니다. 엘라는 말없이 그를 안아주며 나중에 마음에 여유가 생기면 자기를 찾아오라는 말만 남겼습니다. 그들의 사랑은 이렇게 시작됐습니다.

이제 데니를 차지하기 위해 경쟁하는 여학생들은 단 한 명도 없습니다. 모두들 그 두 사람의 사이를 갈라놓을 수 없다는 것을 알기 때문입니다. 어쩌면 사랑은 처음부터 데니와 엘라의 마음 깊은 곳에서 자라고 있었는지도 모릅니다. 그리고 마침내 어려운 상황과 함께 꽃을 피운 것입니다.

상대의 말에 귀 기울여라.

이것이 사랑의 의무 중에 으뜸이다.

– 틸리히(Paul Johannes Tillich, 신학자)

사랑의 마음은
이렇게나 예쁩니다

어느 날 아빠, 엄마, 두 아들, 이렇게 화목한 네 식구가 여행을 떠났습니다.

그런데 숲 속을 거닐던 중 갑자기 비가 내리기 시작했습니다. 마침 아빠의 배낭 속에 비옷이 하나 들어 있었습니다. 아빠는 엄마에게 비옷을 건넸습니다. 그런데 엄마는 형에게 비옷을 주었습니다. 그러자 형은 또 동생에게 양보했습니다.

비옷을 받아든 막내가 고개를 갸웃거리며 물었습니다.

"왜 아빠는 엄마에게, 엄마는 형에게, 형은 나한테 다시 비옷을 주는 거죠?"

아빠가 대답했습니다.

"왜냐하면 아빠는 엄마보다 강하고, 엄마는 형보다 강하고, 형은 또 너보다 강하기 때문이야. 우리는 늘 자기보다 약한 사람을 보호해야 하는 거란다."

막내는 진지한 표정으로 고개를 끄덕이더니 주위를 둘러보았습니다. 그러고는 비옷을 든 채 저만치 뛰어갔습니다. 아빠, 엄마와 형은 막내가 무엇을 하려는지 지켜보았습니다. 막내는 숲 속으로 난 좁은 길 위에 서서 거기에 핀 작은 꽃 위로 비옷을 덮어주었습니다. 그러고는 가족들을 향해 방긋 웃어보였습니다.

고귀한 정신을 지닌 사람은 사랑을 얻기 위해서가 아니라 사랑하기 때문에 행동한다.

– 토머스 오버버리(Tomas Overbury, 시인·수필가)

따뜻하고

작은 행복이라도 기뻐할 줄 아는 이의 눈에만 보인다는

네잎 클로버.

제가 당신에게 행운이고 기쁨이며

행복이었음 좋겠습니다.

평생 한마음으로 사랑할 수 있다면 더 바랄 게 없어요

그는 벙어리입니다. 비록 말을 할 수는 없었지만, 다른 사람의 말을 들을 수 있다는 것을 다행으로 여기며 열심히 살고 있었습니다.

그녀는 그의 옆집에 살았습니다. 외할머니와 단둘이 살고 있는 그녀는, 그를 오빠같이 따랐습니다.

그는 정말 친오빠처럼 그녀를 학교에 데려다주고, 함께 놀아주고, 그녀의 시시콜콜한 말들을 웃으면서 끝까지 들어주었습니다. 그는 손짓으로 그녀에게 이야기하고, 그녀는 그의 눈빛을 읽었습니다. 그녀는 그가 자신을 좋아하고 있다는 걸 눈빛으로 알 수 있었습니다.

어느덧 그녀는 대학에 입학했습니다. 그는 자청해서 돈을 벌어 그녀에게 등록금을 보내줬고, 그녀도 그 돈을 거절하지 않았습니다.

그리고 4년 후, 대학을 졸업해 어엿한 직장인이 된 그녀는 어느 날, 확신에 찬 말투로 그에게 말했습니다.

"오빠, 나 오빠랑 결혼할 거야!"

이 말을 들은 그는 무척 당황해하며 황급히 자리를 피했고, 이후로 그녀가 아무리 애원해도 만나주지 않았습니다.

그녀는 그의 집 문을 두드리며 이렇게 말했습니다.

"오빠는 내가 오빠를 동정한다고 생각하지? 오빠에게 보답하려 한다고 생각하지? 그게 아니야. 난 예전부터 오빠를 사랑했어."

하지만 그는 문을 굳게 닫아둔 채 대답이 없었습니다.

그렇게 며칠이 흘렀고, 그는 다른 사람을 통해 그녀의 입원소식을 전해 들었습니다. 놀란 그는 헐레벌떡 병원으로 뛰어갔습니다. 병상에 누워 있던 그녀는 그를 보더니 말없이 눈물만 흘렸습니다. 의사는 그녀의 목에 종양이 생겼고, 제거한다 하더라도 성대가 망가져 다시는 말을 할 수 없을 거라고 했습니다. 그는 울컥 솟아오르는 눈물을 애써 참으며 그녀에게 천천히 다가갔습니다. 그리고 그녀를 품에 꼭 안았습니다.

마침내 그들은 결혼식을 올렸습니다. 그들은 손짓으로, 글씨로, 눈빛으로 대화를 나누며 기쁨과 슬픔을 함께했습니다. 그들은 이웃에 있는 모든 부부와 연인들에게 부러움의 대상이었습니다.

사람들은 입을 모아 말했습니다.

"저 두 사람은 정말 천생연분이야."

하지만 불행은 불현듯 찾아왔습니다. 어느 날 그가 갑작스럽게 세상을 떠난 것입니다. 많은 사람들이 그녀를 위로하려고 찾아왔습니다. 울다 지친 그녀는 멍한 눈으로 그의 사진만 물끄러미 바라보고 있었고, 사람들은 무슨 말로 위로해야 할지 몰라 머뭇거렸습니다. 그런데 바로 그때, 그녀가 입을 열었습니다.

"그 사람이 먼저 가버렸으니, 이제 비밀을 밝혀도 되겠군요."

그녀는 목소리를 잃은 게 결코 아니었던 것입니다! 그와의 사랑을 이루기 위해 긴 세월 동안 자신의 목소리를 숨긴 채 살아왔던 것입니다. 그 한마디를 끝으로 그녀는 두 번 다시 말을 하지 않았고, 얼마 지나지 않아 그를 따라가기라도 하듯 조용히 숨을 거두었습니다.

인생을 되돌아봤을 때 제대로 살았다고 생각되는 순간은
오직 사랑하는 마음으로 살았던 순간뿐이다.

– 드러먼드(Henry Drummond, 종교사상가)

사랑의 시작은 자신감에서 비롯된답니다

캐시는 지금껏 한 번도 남자친구를 사귀어본 적이 없었습니다. 유난히 부끄럼이 많아서 남자들과 함께 있는 것조차 불편해했기 때문입니다. 그러다 보니 아무도 그녀에게 데이트 신청을 하지 않았고, 캐시는 연인을 둔 친구들을 보며 부러워만 했습니다.

그러던 어느 날, 캐시는 거리에서 '이성을 매료시키는 액세서리'라고 적힌 간판을 보고 걸음을 멈췄습니다. 쇼윈도에는 실크로 만들어진 색색의 나비리본들이 진열돼 있었고, '모든 색상이 다 갖춰져 있습니다. 자신의 개성에 맞는 색을 고르기만 하세요!'라는 광고문이 그 옆에 있었습니다. 캐시는 연인을 둔 친구들이 항상 이런 모양의 리본을 묶고 다녔던 것을 떠올리면서 용기를 내 가게 안으로 들어갔습니다.

"어서 오세요, 손님! 제가 골라드릴까요? 손님에게는 이 색깔이 참 잘 어울리겠네요."

캐시가 가게에 들어서자마자 점원이 빨간색 리본을 캐시의 머리에 갖다 대며 말했습니다.

"오, 아니에요, 전 이런 리본 못해요."

캐시는 부끄러워하며 고개를 돌렸습니다. 그러다가 우연히 초록색 리본에 시선이 멈췄습니다.

눈치 빠른 점원은 그 기회를 놓치지 않았습니다.

"어머! 안목이 있으시네요! 손님은 탐스러운 금발에 예쁜 눈을 가졌으니 어떤 색을 하셔도 다 예쁘겠지만, 특히 이 초록색은 누구보다 잘 어울리실 거예요."

점원은 캐시의 머리에 초록색 리본을 꽂으며 계속 말했습니다.

"역시, 정말 잘 어울리시네요. 손님은 자부심을 가지셔도 돼요. 이 세상에 손님 말고는 아무도 이 리본을 달 권리가 없다고 생각하시고, 당당하게 고개를 드세요. 훨씬 매력적으로 보일 거예요."

점원은 리본의 위치를 한 번 더 살피고는 만족스러운 듯 고개를 끄덕였습니다.

“아주 좋아요. 제 마음이 설렐 정도로 예쁘세요.”

“이거 살게요.”

순간 캐시는 자신이 한 말에 스스로 놀라고 말았습니다. 그렇게 확신에 찬 목소리로 혼자 결정을 내린 적은 거의 없었기 때문입니다. 캐시는 서둘러 돈을 내고 붉게 달아오른 뺨을 감싼 채 가게 밖으로 나왔습니다. 그러다가 양손에 짐을 가득 든 아주머니와 정면으로 부딪혔습니다. 그녀는 너무 부끄러운 나머지 쥐구멍이라도 찾는 심정으로 무작정 뛰기 시작했습니다.

캐시는 어느새 카슨식당 앞에 멈춰 섰습니다. 그녀는 전부터 이곳에 오고 싶어 했습니다. 이곳은 여자들 사이에서 무척 유명한데, 모두가 좋아하는 버트가 매주 토요일 오후마다 이곳에 오기 때문이었습니다. 캐시는 용기를 내 안으로 들어갔습니다.

버트는 과연 거기에 있었고, 혼자 커피를 마시고 있었습니다.

‘아, 버트는 리니와 헤어졌지! 버트가 오늘 같은 날 혼자 있다니, 믿기지 않아.’

이렇게 생각한 캐시는 버트가 잘 보이는 쪽에 자리를 잡고 음료수를 주문했습니다. 그런데 잠시 후, 캐시는 무심코 뒤를 돌아보던 버트와 정면으로 눈이 마주쳤습니다. 캐시의 심장이 심하게 방망이질

치기 시작했습니다. 하지만 캐시는 머리에 달린 초록색 리본을 의식하면서 꼿꼿한 자세로 앉아 버트에게 여유 있는 미소를 지어 보였습니다. 그러자 버트가 캐시에게 다가왔습니다.

"안녕, 캐시!"

"그래, 버트! 여기 오래 있었니?"

캐시는 놀라는 척하며 말했습니다.

"평생 동안 너를 기다렸어."

"농담은!"

캐시는 그의 말을 자연스럽게 받아넘겼다는 사실이 스스로도 믿기지 않았습니다. 그녀는 이 모든 것이 초록색 리본 덕분이라고 확신했습니다.

버트는 곧 옆자리에 앉더니 캐시의 모습을 한동안 바라보고는 그녀의 변화를 눈치챈 듯 물었습니다.

"머리 모양이 바뀐 건가?"

"글쎄. 난 특별히 손질한 게 없는데!"

"그래? 그런데 오늘은 왠지 네가 달라 보여."

캐시의 얼굴이 붉어졌습니다.

그렇게 10분쯤 지나자 버트는 캐시에게 춤을 추러 가자고 청했습

니다. 캐시는 속으로 만세를 외쳤습니다. 게다가 버트는 그녀를 집 앞까지 바래다주었습니다.

집으로 돌아온 캐시는 가장 먼저 초록색 리본을 단 자신의 모습을 보고 싶었습니다. 그런데 놀랍게도 머리에는 아무것도 없었습니다. 리본은 이미 가게 앞에서 아주머니와 부딪혔을 때 떨어지고 말았던 것입니다.

내가 나를 사랑하기 시작하면 세상도 나를 사랑하기 시작합니다.

– 혜민(惠敏, 승려)

날마다 주문처럼 외쳐보세요.

"난 참 괜찮은 사람이야!"라고.

인생은 말하는 대로 되는 거니까요.

부모님이 늘 기다릴 수만은 없다는 걸 기억하세요

12월 31일, 카디쉬는 이날도 사무실에 혼자 남아 중요한 일 몇 가지를 처리하고 있었습니다. 총지배인으로 승진한 이후 그에게 휴일은 없었습니다.

마지막으로 그는 밀린 우편물만 확인하고 퇴근하기로 마음먹었습니다. 그런데 그중에는 어머니의 편지도 있었습니다.

'아! 어머니……!'

아버지가 돌아가신 후, 홀로 계신 어머니를 돌봐드리지 못했던 게 늘 죄송했던 카디쉬는 어머니의 편지를 보자마자 가슴이 뭉클해졌습니다. 그는 마치 어머니를 대하듯 조심스럽게 봉투를 뜯어 편지를 읽어내려갔습니다.

사랑하는 어머니께

어머니, 오랫동안 편지를 쓰지 못했네요. 저는 출장, 휴가, 입원 때문에……

그런데 편지 내용이 이상했습니다. 분명 어머니가 보낸 편지인데, 수신자 역시 어머니였습니다. 카디쉬는 일단 편지를 끝까지 읽어보기로 했습니다.

저는 지금 총지배인, 일반 직원, 실직자입니다. 여기는 지금 제일 바쁜, 비교적 바쁜, 가장 한가로운, 비교적 한가로운 시기입니다.

저는 그럭저럭 건강한, 아주 건강한, 그다지 건강하지 못한, 아주 건강하지 못합니다.

얼마 전에 저는 극장, 영화관, 음악회, 술집에 갔었습니다.

저는 한 달, 1년, 5년 뒤에 어머니를 보러 갈 계획입니다.

어머니가 용돈이 필요하실지도 모른다는 생각이 들었습니다.

그래서 우선 3,000, 2,000, 1,000, 500달러를 보내드리겠습니다.

아내가 안부 전해달라고 하네요.

당신의 아들, 카디쉬.

카디쉬는 울컥하는 감정을 추스르며 계속 편지를 읽어내려갔습니다. 뒷장에 편지가 한 장 더 있었습니다.

사랑하는 카디쉬.

너는 요즘 집에도 잘 오지 않는구나. 내가 네 편지를 얼마나 기다리는 줄 아니? 하긴…… 넌 바쁜 사람이니 이런 작은 일에 신경 쓸 시간이나 있겠니? 그래서 내가 너 대신 이 편지를 썼단다. 넌 그냥 해당되는 단어에 동그라미만 쳐서 나한테 보내면 돼.

바쁠수록 건강에 유의하렴. 또 연락하마.

너를 사랑하는 엄마가.

카디쉬는 자신이 얼마나 불효자인지를 생각하면서 한숨을 내쉬었습니다. 그는 책상 가득 쌓여 있는 서류들을 밀치고 전화기를 들었습니다. 그런데 카디쉬는 번호를 두 개쯤 누르다가 수화기를 내려놓고는 곧장 클리블랜드로 가는 차표를 예매했습니다. 그의 어머니가 계시는 클리블랜드 말입니다.

자기 갈 길을 떠나는 자식의 눈물은 하루밖에 안 가지만 뒤에 남는 부모의 슬픔은 오래 계속된다.

- 트로부리지(John Townsend Trowbridge, 작가)

아, 어머니는 언제나 나를

부끄럽게 하십니다.

어머니께 받은 사랑,

이제는 갚아드릴 때입니다.

주는 것이 행복한 이유는 가족이기 때문이에요

일찍 부모를 여읜 어린 남매가 있었습니다. 서로가 서로에게 유일한 가족이었던 남매는 자신보다 상대를 더 아끼고 사랑하면서 정답게 살아가고 있었습니다.

그러던 어느 날, 남매에게 불행이 찾아왔습니다. 여동생이 중병에 걸린 것입니다. 비싼 수술 비용은 남매의 가정형편을 감안해 병원 측에서 감면해주기로 했고, 나머지 치료 비용은 정부에서 보조해주기로 했습니다. 문제는 수혈이었습니다. 여동생이 희귀한 혈액형을 가진 탓에 혈액을 구하기가 쉽지 않았습니다.

그런데 다행히 오빠의 혈액형이 여동생과 일치하다는 검사 결과가 나왔습니다.

나이 어린 꼬마가 과연 수혈을 감당할 수 있을지 염려됐던 의사는, 아이에게 피를 뽑을 때의 고통을 잘 참아낼 용기가 있는지 물었습니다. 한참을 생각하던 이 열 살짜리 꼬마는 이윽고 중대한 결정을 내렸다는 듯 천천히 고개를 끄덕였습니다. 아이의 얼굴에는 어느새 용기와 책임감이 가득 넘쳐흐르고 있었습니다.

피를 뽑는 동안 아이는 아무 말 없이 옆 침대에 있는 여동생을 향해 미소 지으며 여동생의 몸 안으로 혈액이 들어가는 모습을 바라보았습니다.

그런데 수혈이 끝나자 아이는 미소를 거두고, 걱정스런 표정과 떨리는 목소리로 말했습니다.

"의사 선생님, 이제 저는 얼마나 살 수 있나요?"

의사는 아이의 순진함에 그만 웃음이 터져 나올 뻔했습니다. 열 살짜리 꼬마에게 수혈은 곧 생명을 잃게 되는 일로 여겨졌을 게 틀림없었습니다. 그럼에도 아이는 의연하게 여동생에게 수혈을 해줬던 것입니다. 그것은 아이에게 있어선 목숨을 건 결정이었습니다.

의사는 아이와 눈높이를 맞추고 손을 꼭 잡으며 말했습니다.

"안심해라. 넌 안 죽어. 수혈을 했다고 죽지는 않아."

그러자 아이의 눈이 반짝였습니다.

"정말이요? 그럼 저는 몇 년이나 살 수 있어요?"

의사는 사랑이 가득 찬 눈빛으로 말했습니다.

"넌 백 살까지 살 수 있단다, 꼬마야. 넌 아주 건강해."

그 말을 듣자마자 아이는 병실을 펄쩍펄쩍 뛰어다니며 기뻐 어쩔 줄 몰라 했습니다. 자신이 괜찮다는 걸 확인하기 위해 바닥을 몇 바퀴 굴러보기도 했습니다. 그러다가 갑자기 주사바늘을 꽂았던 팔을 내밀더니 심각한 표정으로 의사에게 말했습니다.

"그럼 저의 피를 반만 뽑아서 제 동생에게 주세요. 그렇게 하면 우리 둘은 각각 50년씩 살 수 있을 거예요."

사랑은 자기희생 없이는 생각할 수 없는 것이다.

- 도스토예프스키(Fyodor Mikhailovich Dostoevskii, 소설가)

아버지의 등을 밀어드린 적이 있나요?

쓰언은 얼마 전, 시골에서 혼자 지내고 있던 아버지를 시내의 자기 집으로 모셔왔습니다. 평생 농사를 지으며 고생만 한 아버지가 여생을 편하게 보내시길 바랐기 때문입니다.

그런데 최근 들어 부쩍 기력이 쇠약해진 아버지가 잠이 들었다 하면 심하게 코를 고는 바람에 쓰언은 매일 밤마다 잠을 설쳤습니다. 노인성 치매의 징조일지도 모른다고 생각한 쓰언이 함께 병원에 가자고 했지만, 아버지는 절대 그럴 리 없다며 한사코 거부했습니다.

그렇게 며칠이 지난 후부터 쓰언은 탈모에 시달리기 시작했습니다. 그도 그럴 것이 밤에는 잠을 제대로 이루지 못하는 데다 아버지를 모셔오면서 새롭게 마련한 집의 대출금을 갚기 위해 퇴근 후 집에서 할 수 있는 부업을 시작했기 때문입니다. 어쨌든 아직 서른도 안 된 그에게 탈모는 충격적인 일이었습니다. 이를 지켜보는 쓰언의 아버지도 마음이 편치 않았습니다. 아버지가 쓰언에게 해줄 수 있는 일은 매일 따뜻한 밥을 지어주는 것뿐이었습니다.

그런데 어느 날부터인가 아버지는 매일 저녁밥을 먹은 후, 산책을 한다며 집 밖으로 나갔습니다. 쓰언은 아버지가 자신에게 미안해서 자리를 피하시는 것 같아 마음이 불편했지만, 이내 마음을 다잡고 부업에 전념했습니다.

하루는 쓰언이 아무 생각 없이 아버지에게 물었습니다.

"아버지, 요즘 뭐하세요?"

그러자 아버지는 몹시 당황해하며 간단하게 대답했습니다.

"아무것도 안 하는데."

쓰언은 전보다 더 마르고 안색도 창백해진 아버지의 모습이 안타까워 밥그릇에 고기를 한 점 올려드렸습니다.

그러자 아버지가 말했습니다.

"내가 겉으로 보기엔 말랐지만, 몸은 정말 튼튼하단다."

어느 덧 연말이 됐고, 쓰언은 친구들과의 저녁식사 모임 후, 번화가에 있는 대중목욕탕에 갔습니다. 그런데 거기서 자신보다 두세 배나 덩치 큰 손님의 등을 열심히 밀고 있는 때밀이 아저씨를 본 순간, 쓰언은 자기도 모르게 소리를 지르고 말았습니다.

"어! 아버지!"

쓰언은 그제야 아버지의 코 고는 소리를 한동안 듣지 못했다는 사실을 깨달았습니다. 아버지는 쓰언이 출근한 낮에는 집에서 잠을 자고, 밤에는 목욕탕에서 일을 하고 있었던 것입니다.

쓰언은 아버지를 따라 탈의실로 갔습니다. 아버지는 손님에게서 3위안을 받고, 만족스러운 웃음을 지으며 말했습니다.

"여기는 번화가라서 밤새 문을 열기 때문에 장사가 꽤 잘 돼."

벌써 1,000위안이나 저축한 아버지는 그 돈으로 아들이 조금이라도 일찍 빚을 갚을 수 있도록 도와주고 싶었던 것입니다.

쓰언은 아버지를 탕 안으로 모시고 들어갔습니다.

"아버지 등을 밀어드리고 싶어요."

"그래, 네가 어렸을 땐 항상 내 등을 밀어주곤 했었지."

아버지는 더없이 행복한 표정으로 자리에 누웠습니다. 쓰언은 두 손으로 정성껏 아버지의 마르고 울룩불룩 튀어나온 갈비뼈를 어루만졌습니다.

세상은 그를 두려워했다.

그러나 그는 나의 영웅이었다.

누군가 나의 아버지가 어떤 분이었냐고 물으면

나는 이렇게 말할 것이다.

그는 그저 나의 아버지였노라고.

- 영화 <로드 투 퍼디션(Road To Perdition)> 중에서

어머니의 마음을 얼마나 헤아리고 있나요?

토요일 저녁 아홉 시가 되면 앨리는 어김없이 엄마에게 전화를 겁니다. 이것은 언제부터인가 습관이 됐습니다.

이번에 전화했을 때, 엄마의 첫 마디는 이랬습니다.

"집에 도둑이 들었다."

"뭐 없어진 건 없어요?"

깜짝 놀란 앨리가 다급하게 묻자, 엄마는 차분하게 대답했습니다.

"다른 것들은 괜찮은데, 이상하게도 신발장 안에 있던 신발이 모두 없어졌더라."

앨리는 그 말을 듣고 나서야 한시름 놓았습니다.

엄마는 낡은 신발을 수집하는 습관이 있었습니다. 그래서 신발장 안에는 자식들이 신었던 낡은 신발들이 가득 차 있었습니다. 앨리가 난생 처음 신었던 작고 빨간 가죽 신발과 결혼할 때 두고 간 신발, 앨리의 남동생 생일 때 외할머니가 선물해주신 호랑이 무늬 신발과 이민 떠날 때 필요 없다며 두고 간 운동화까지……. 엄마는 꼭 1년에 한 번씩 그 신발들을 꺼내 잘 닦아 햇볕에 말린 후, 다시 신발장 안에 보관해두곤 했습니다. 엄마의 이런 행동을 앨리는 도무지 이해할 수 없었습니다.

'엄마도 참……. 자리만 차지하고 더러운 낡은 신발들에 왜 저렇게 집착하실까?'

하지만 엄마는 앨리가 신발들을 버리려 할 때마다 엄마의 보물이라며 말리곤 했습니다. 그러니 그 신발을 모두 도둑맞은 엄마의 상심은 얼마나 클까요?

앨리는 엄마가 마음을 편히 갖길 바라면서 일부러 대수롭지 않은 일인 듯 위로의 말을 전했습니다.

"엄마, 없어진 건 없어진 거잖아요. 어차피 쓸모없는 것들이었는데 도둑맞았으니 오히려 수고를 덜었지, 뭐. 그만 잊어버려요."

그러자 수화기 너머로 엄마의 긴 한숨소리가 들려왔습니다.

잠시 후, 엄마는 조용히 말했습니다.

"너희는 그 신발들이 엄마에게 어떤 의미인지 모를 거야. 예전에는 생활이 넉넉하지 못했어도 온 가족이 한곳에 모여 살면서 웃고 떠들고 시끌벅적했는데, 너는 멀리 영국으로 시집가고, 네 동생은 캐나다로 이민 가버리고, 집에는 너희 아버지와 나, 두 노인만 남아 있으니 하루 종일 썰렁하고 적적하기만 해. 너희들이 멀리 떨어져 있다 보니, 일 년에 한 번 보기 힘들 뿐더러 전화 목소리도 일주일에 한 번 정도밖에 들을 수 없잖니. 하지만 신발장에 있는 신발들은 늘 곁에 두고 실제로 만질 수 있어. 신발을 만지면 너희들을 만지는 것과 같고, 지나가버린 행복했던 시간들이 다시 돌아올 것만 같아서 얼마나 위안이 됐는데……. 이제 그게 없어졌으니 앞으로는 허전한 마음을 어떻게 달랜단 말이니?"

그동안 쌓아왔던 서운함을 한꺼번에 털어놓는 엄마의 목소리에는 눈물이 젖어 있었습니다. 그리고 말없이 엄마의 이야기를 듣고 있는 앨리의 두 눈에도 굵은 눈물방울이 흘러내리고 있었습니다.

> 어머니의 눈물을 분석해보면 약간의 염분과 수분뿐이다. 그러나 그 눈물에는 화학적으로도 분석할 수 없는 깊은 사랑이 숨어 있다.
>
> – 패러데이(Michael Faraday, 물리화학자)

당신 곁에는 언제나 든든한 가족이 있잖아요!

리사가 퇴근 후, 집에 도착했을 때 그녀를 맞이하는 것은 언제나 집 안의 썰렁한 공기뿐이었습니다. 오늘도 리사는 조용히 현관문을 잠그고 곧장 주방으로 들어가 음식을 만들기 시작했습니다. 저녁 준비를 다 끝마칠 때까지도 남편과 아들은 아직 집에 돌아오지 않았습니다.

리사는 크게 기지개를 켠 다음 여유롭게 침대에 기대 앉아 손에 잡히는 대로 신문을 집어 들고는 읽기 시작했습니다. 하지만 마음은 온통 현관문 쪽에 가 있었습니다.

리사의 아들이 문 여는 소리는 항상 요란스럽습니다. 아들의 열쇠꾸러미는 문 밖에서 한참 동안 짤랑거립니다. "철컥" 하고 문 여는 소리도 유난히 크게 들립니다.

반면 그녀의 남편이 문 여는 소리는 침착합니다. 남편의 열쇠 꾸러미는 문 밖에서 딱 한 번 울리고, 열쇠도 조용하게 열쇠 구멍에 밀어 넣습니다. 반면에 "찰칵" 하고 열리는 소리는 항상 힘이 넘칩니다.

남편은 집에 들어오자마자 리사부터 찾습니다. 집 안에 아무런 기척이 없으면 남편은 반드시 방안에 들어와 침대에 누워 있는 리사에게 귀신 흉내를 내거나 공손한 말투로 "리 선생님!" 하고 부르곤 합니다. 그러고 나서 그는 부엌으로 가 재빠르게 음식을 나르고, 저녁상 준비를 돕습니다.

이것은 매일 저녁, 리사가 겪는 저녁 풍경입니다. 그녀는 늘 이렇게 먼저 집에 들어와 남편과 아들의 현관문 여는 소리를 기다리는 것입니다.

어느 날, 리사는 회사에서 건강검진을 받았습니다. 그런데 의사가 그녀를 따로 부르더니 몸에 조그만 문제가 있을 수 있으니, 큰 병원에 가서 정밀검사를 받아보라고 했습니다. 생각지도 못한 결과에 리사는 무척 놀랐습니다.

그 날 리사는 다른 날보다 일찍 퇴근했습니다. 텅 빈 집에 들어오자마자 침대에 누운 그녀는 갑자기 흘러내리는 자신의 눈물에 당황

했지만, 닦아내지는 않았습니다. 눈물을 닦을 기분도, 닦아낼 기운도 없었습니다. 그때 현관문 열리는 소리가 들렸습니다. 절도 있는 소리로 봐서 남편이 분명했습니다. 그러자 리사는 갑자기 설움이 북받쳐올라 엉엉 소리 내 울기 시작했습니다.

울음소리에 놀라 곧장 방으로 들어온 남편은 눈물로 범벅이 된 리사의 얼굴을 보고 무슨 일이 있었는지 물었습니다. 자초지종을 들은 남편은 따뜻한 눈빛으로 미소를 지어보이고는 그녀의 코끝을 장난스럽게 톡톡 두드렸습니다.

"당신, 왜 그렇게 쓸데없는 걱정을 하고 그래. 내일 나랑 같이 병원에 다시 가보자. 별일 아닐 거야."

사실 리사도 병원에 갈 일이 걱정됐던 건 아니었습니다. 단지 남편의 문 여는 소리가 오늘따라 그녀의 마음을 뭉클하게 했던 것뿐이었습니다.

가정이야말로 고달픈 인생의 안식처요, 사랑이 싹트는 곳이며, 큰 사람이 작아지고 작은 사람이 커지는 곳이다.

- 웰스(Herbert George Wells, 소설가)

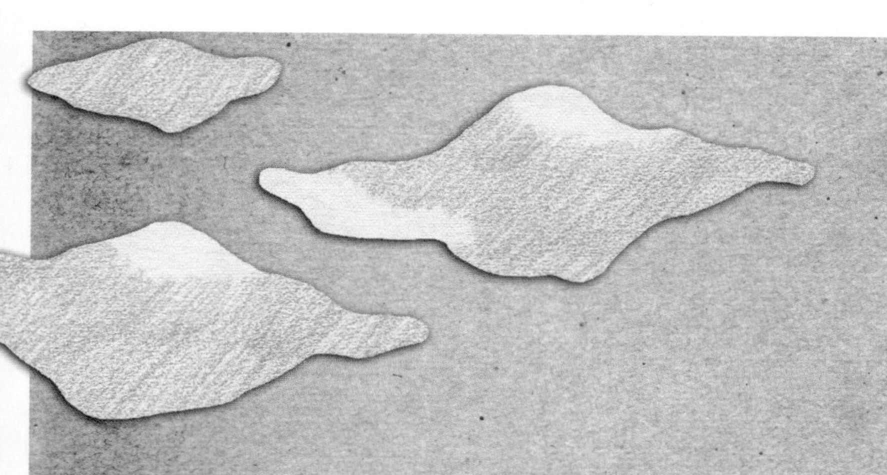

3
포기하고픈 날에 성공을 부르는 이야기

때론 과감한 도전도 해볼 만하죠!

1973년, 영국 리버풀에서 태어나 미국 하버드대학에 입학한 클라이트에겐 같이 수업을 듣는 열여덟 살의 미국인 친구가 있었습니다.

2학년 때인 어느 날 그 친구가 클라이트를 찾아왔습니다. 그는 클라이트에게 함께 자퇴하고 32비트 재무소프트웨어를 개발하자고 제안했습니다. 그의 뜬금없는 제안에 클라이트는 매우 놀랐습니다. 그가 미국에 온 것은 공부하기 위해서지 학교를 자퇴하고 놀기 위해서가 아니었습니다. 더구나 비트체제는 수박 겉핥기식으로만 조금 배웠을 뿐인데 비트 재무소프트웨어를 개발하다니! 전공 과정을 밟지 않고서는 불가능해 보였습니다. 결국 그는 친구의 제안을 거절했습니다.

10년 후, 클라이트가 하버드대학의 컴퓨터 시스템 전공에서 비트 방면의 박사 과정을 밟고 있을 때, 혼자 자퇴한 그 친구는 이미 그해 미국 《포브스Forbes》지가 선정한 억만장자 순위에 이름이 올라 있었습니다.

1992년, 클라이트는 계속 학업에 열중한 끝에 드디어 박사 학위를 땄습니다. 그러나 그 사이에 미국인 친구는 월스트리트의 대부호 워런 버핏을 바짝 따라잡아 개인 자산이 65억 달러에 이르는 미국의 두 번째 부자가 됐습니다.

1995년, 클라이트는 이제 충분한 학식을 갖췄으니 본격적으로 32비트 재무소프트웨어에 대한 연구개발을 할 수 있겠다고 생각했습니다. 하지만 그 미국인 친구는 이미 비트체제를 뛰어넘은 EIP 재무소프트웨어를 개발해 출시했습니다. 비트체제보다 1,500배나 빠른 EIP는 출시 2주 만에 거뜬히 전 세계 시장을 점령해버렸습니다. 그해에 그 미국인 친구는 세계에서 제일가는 부자로 급부상했고, 전 세계에 자신의 이름을 알렸습니다.

이처럼 매번 클라이트보다 한발 앞서 나갔던 그 친구는 바로, 성공과 부의 상징으로 통하는 빌 게이츠William H. Gates였습니다.

무엇이든 할 수 있다면,

아니 할 수 있다는 꿈을 가지고 있다면,

시작하라.

대담하다는 것,

그 자체가 천재성이고 힘이며 마력이다.

- 괴테(Johann Wolfgang von Goethe, 시인·극작가)

이가 없으면 잇몸으로! 아니면, 틀니로!

교통사고로 오른팔을 잃은 열 살짜리 남자아이가 있었습니다. 비록 불구의 몸이었지만 아이의 꿈은 유도선수가 되는 것이었습니다.

어떤 어려움을 무릅쓰고서라도 꿈을 간절히 이루고 싶었던 아이는, 어느 날 굳은 결심을 하고 유도의 대가를 찾아갔습니다. 다행히 사범은 아이의 열정을 높이 평가해 그를 제자로 맞았습니다.

그런데 3개월이 지나도록 한 가지 기술 외에는 가르쳐주지 않자 답답함을 참다못한 아이가 사범에게 물었습니다.

"다른 기술은 언제 가르쳐주시나요?"

사범이 대답했습니다.

"이 기술 하나면 충분하단다."

아이는 사범의 뜻을 알 수 없었지만, 그를 믿고 더 부지런히 연습에 몰두했습니다.

몇 개월 후, 마침내 아이는 유도경기에 출전하게 됐습니다. 모두들 아이가 오래 버티지 못할 거라고 했고, 예상대로 아이는 첫 번째 상대와의 3회전에서 위기를 맞았습니다. 누가 봐도 외팔이 소년이 감당하기는 꽤 힘든 상대였습니다.

하지만 아이는 자신이 배운 단 한 가지의 기술을 활용해 끝까지 버텼고, 결국 승리를 거뒀습니다.

두 번째, 세 번째 상대와의 경기에서도 아이는 같은 방법으로 임했습니다. 이에 약이 오를 대로 오른 상대 선수들은 조급한 마음만 앞세워 아이를 공격했고, 번번이 실패했습니다. 이렇게 해서 아이는 두 명의 상대를 물리치고 결국 결승전까지 진출했습니다.

결승전 상대는 아이보다 키도 훨씬 크고, 몸집이 거대한 데다 출전 경험도 꽤 많은 듯했습니다. 사람들은 더 두고 볼 것도 없다며 상대편 선수가 가볍게 승리할 거라고 확신했습니다.

드디어 경기가 시작됐습니다. 얼마 지나지 않아 아이가 상대의 공격에 제대로 버텨내지 못하자, 심판은 부상을 염려해 경기를 중단시키려 했습니다. 그러나 사범은 절대 허락하지 않았습니다. 오히려 큰 소리로 이렇게 말했습니다.

“계속 진행하세요!”

사람들은 아이를 걱정하기 시작했습니다.

경기가 다시 시작되고 얼마 후, 상대가 빈틈을 보이자 아이는 이 때를 놓치지 않고 지금까지 부지런히 익혀왔던 한 가지 기술을 발휘해 상대를 제압했습니다. 마침내 아이는 우승을 차지했습니다.

집에 오는 길에 아이는 사범과 함께 매 경기 당시 상황을 돌이켜보면서 궁금하던 것들을 사범에게 물어봤습니다.

“사범님, 제가 어떻게 한 가지 기술로 우승할 수 있었죠?”

사범이 대답했습니다.

“두 가지 이유가 있단다. 첫 번째는, 네가 유도에서 가장 어려운 기술을 거의 완벽하게 익혔기 때문이고, 두 번째는 이 기술에 대적할 수 있는 유일한 방법이 바로 네 오른팔을 잡는 것이기 때문이야.”

그제야 아이는 사범의 깊은 뜻에 고개를 끄덕였습니다.

가장 무모한 희망이 때로는 묘하게도 성공의 원인이 된다.

– 보브나르그(Luc de Clapiers de Vauvenargues, 모랄리스트)

당신의 가치는 스스로 만들어가는 거예요

"저는 소자본을 투자한 농기구 매매업으로 사회생활을 시작했어요. 어느 누구에게도 부끄럽지 않은 삶이었지만, 그렇다고 제가 원하는 이상적인 삶도 아니었죠. 집은 비좁았고, 사고 싶은 물건을 마음껏 살 돈도 없었어요. 아내와 저는 이 모든 것이 하늘의 뜻이라 생각하고 원망하지 않으려 했지만, 행복하지 않았어요. 그러다 보니 제 마음 깊숙한 곳에서는 점점 불만이 커져갔죠. 아내와 두 아이들이 지금까지 단 한 번도 좋은 시간을 보낸 적이 없음을 깨달았을 땐 정말 고통스러웠어요.

그러나 지금은 모든 것에 큰 변화가 생겼어요. 2에이커의 작고 예쁜 집도 생겼고, 우리 아이들을 등록금이 비싼 좋은 대학에 보낼 수 있을지 걱정할 필요도 없어졌죠. 아내도 이제 더 이상 옷을 살 때 부담감을 느끼지 않아도 된다면서 좋아해요. 내년 여름엔 온 가족이 유럽에 가서 휴가를 보낼 거예요. 우리는 진정한 의미의 자유를 누리고 있어요. 물질적으로든, 정신적으로든 말이에요.

이 모든 것이 어떻게 가능하게 됐냐고요? 그건 바로, 신념의 힘 때문입니다.

5년 전, 저는 디트로이트에 농기구를 취급하는 일거리가 있다는 소식을 들었어요. 당시 우리는 클리블랜드에 살고 있었지만 도전해 보기로 결심했어요. 돈을 벌고 싶었고, 또 벌어야만 했거든요.

회사와의 면담은 월요일이었지만 제가 디트로이트에 도착한 것은 일요일 새벽이었어요. 저녁을 먹은 후에 여관에 앉아 있는데, 갑자기 제 자신이 너무나 밉고 한심하게 느껴지더군요. '도대체 왜지? 난 왜 항상 실패만 하는 거지?'라고 제 자신에게 끊임없이 물었죠. 그날 제가 왜 그런 생각에 사로잡혔는지, 지금 와서 생각해보면 참 알 수 없는 일이에요.

어쨌든 저는 여관에서 종이를 얻어 제가 알고 있는 사람 중에 최근 몇 년간 저보다 성공한 사람들의 이름을 생각나는 대로 써내려갔어요. 저보다 더욱 많은 부와 권력을 얻은 사람들이죠. 한데 그리 많지는 않았어요. 써놓고 보니, 모두 다섯 명이더군요. 그 중 두 사람은 원래 인근 농장 주인들이었는데 지금은 더 좋은 국경지대로 이사했고, 다른 두 사람은 예전 저의 상사들이었죠. 그리고 마지막 한 사람은 저의 매부였어요.

저는 자신에게 다시 물었죠. '이 다섯 사람들이 가진 장점은 뭘까? 이들이 나와 다른 점은 무엇일까?' 교육 정도와 정직성, 개인적인 습관 등등 여러 면에서 비교해봐도 그들이 저보다 똑똑하다는 생각은 안 들더군요. 결국 저는 다른 성공 요인을 찾아냈어요. 그건 바로, 자신감이에요. 그 점에 있어서는 그 사람들이 저보다 우월하다는 것을 인정해야 했죠.

그때 문득 시계를 보니 새벽 세 시였어요. 순간 정신이 번쩍 들더군요. 그래요. 자신감이 부족하다는 것이 제 가장 큰 약점이었어요. 바보처럼 저 스스로도 자신을 소중히 여기지 않고 있었던 거예요.

그날 밤, 저는 과거 저의 모습들을 떠올리며 밤을 꼬박 지새웠어요. 자신감이 부족해서 항상 '안 돼, 안 돼, 절대 안 돼!'라고 말하면서 스스로 걱정거리를 만들던 과거의 저를 발견했죠. 저는 늘 제 자신의 단점만을 지적하고, 제가 하는 모든 것은 거의 과소평가했던 거예요. 그때야 비로소 저는 알게 됐어요. 내가 스스로를 신뢰하지 않으면, 그 누구도 나를 신뢰하지 않는다는 것을! 그리고 결심했죠. '나는 줄곧 내 자신을 삼류라고 생각했지만 이제 다시는 그렇게 생각하지 않겠어!'라고.

이튿날 아침, 저는 다른 어떤 날보다 자신감이 넘쳤어요. 그리고 이번 회사와의 면담을 제 자신감에 대한 첫 번째 시험으로 삼기로 했죠. 면담을 하기 전에는 '원래 월급보다 높은 750달러, 천 달러까지도 제안할 용기가 있었으면……' 하고 바랐어요. 하지만, 저는 자신의 가치를 다시 생각해보고 목표를 3,500달러로 높였어요. 결과는 어떻게 됐냐고요? 그야 물론, 그 목표를 달성했죠. 저의 성공은 바로 그 날, 그 하룻밤을 꼬박 새워가며 스스로를 분석함으로써 저의 진정한 가치를 깨달은 덕분에 가능한 일이었어요."

인간이란 자기가 오랫동안 상상해왔던 그대로의 인간이 되기 쉽다고 한다. 뒤집어 말하면 자기에게 얼마만큼의 능력이 있다고 생각하면 그만한 능력을 가진 인간이 될 수 있다는 것이다. 자신이 상상한 대로의 자기가 된다는 말이다.

– 노만 빈센트 필(Norman Vincent Peale, 목사)

끈기, 시간, 인내는 결국 모든 것을 가능하게 만들어요

매우 화창한 여름날 저녁이었습니다. 산책을 나왔던 마이크는 공터에서 열 살쯤 되어 보이는 남자아이가 새총으로 유리병 맞히기를 하는 것을 봤습니다. 그런데 아이는 매번 실패했습니다. 어떨 때는 너무 높이, 어떨 때는 너무 낮게, 어떨 때는 유리병이 있는 곳까지 총알이 나가지도 않았습니다. 마이크는 답답한 마음으로 아이의 모습을 계속 바라봤습니다. 마침 먼저 와 있던 한 아주머니가 있었습니다.

마이크가 아주머니에게 말했습니다.

"저 아이가 언제부터 저러고 있었나요?"

"글쎄요, 약 한 시간쯤 된 것 같네요."

"그럼 그때부터 쭉 지켜보고 계셨어요?"

"네."

"그런데 아무리 꼬마라지만 어쩜 저렇게 못 맞힐까요. 제가 대신 해주고 싶네요."

마이크가 웃으면서 농담처럼 말하자, 아주머니가 말했습니다.

"하지만 우리 아이는 지금 최선을 다하고 있어요."

순간 마이크는 깜짝 놀랐습니다. 그 아주머니는 바로 아이의 어머니였던 것입니다.

"아……! 죄송합니다."

아주머니의 말이 이어졌습니다.

"실은 우리 아이가 앞을 보지 못해요."

마이크는 몸 둘 바를 몰라 하면서 조심스레 물었습니다.

"그런데 왜 새총을 쏘게 하시는 건가요……?"

"다른 아이들도 모두 이렇게 노니까요."

"아…… 그렇지만 보시다시피 맞히기가 쉽지 않을 텐데요……."

"물론 그렇겠죠. 하지만 저는 믿어요. 언젠가는 혼자 힘으로 유리병을 맞힐 거예요. 아들에게도 그렇게 말해줬답니다."

아주머니의 목소리는 차분하면서도 확신에 차 있었습니다.

마이크는 다시 아이 쪽으로 시선을 돌렸습니다. 아이의 움직임은 느리긴 해도 놀라울 정도로 규칙적이었습니다. 아이는 한 번 쏜 후, 자리에서 조금씩 이동하고 있었습니다.

어느새 날이 저물었습니다. 이제 유리병의 윤곽조차 잘 보이지 않았습니다. 마이크는 더 볼 필요가 없다고 생각하고는 발걸음을 돌렸습니다.

그런데 그가 몇 걸음 떼었을 때 뒤에서 유리병 깨지는 소리가 들렸습니다. 마이크가 뒤를 돌아보자 산산조각 난 유리병이 바닥에 흩어져 있었고, 아이와 엄마는 서로 부둥켜안은 채 눈물을 흘리고 있었습니다.

저항을 무너뜨리고 모든 장애를 쓸어 없애주는 것은 바로 지속적이고도 결연한 노력뿐이다.

– 클라우드 M. 브리스톨(Claude M. Bristol, 저널리스트)

나는 잘할 수 있습니다.
안 될 거라고, 하기 어려울 거라고 말하는
주변 사람들의 걱정에는 귀를 막고,
그저 묵묵히 나의 길을 갈 겁니다.

마음에도
고삐가 필요해요

일생동안 수없이 많은 열쇠를 고쳐온 나이 든 열쇠장인이 있었습니다. 기술이 훌륭한 데다 수리비용도 비싸지 않아 많은 사람들이 문제가 생길 때마다 그를 찾았습니다. 게다가 그는 정직하기로도 유명해서 많은 사람들로부터 존경받고 있었습니다.

그는 열쇠를 고쳐줄 때마다 그의 이름과 연락처를 알려주며 이렇게 말했습니다.

"만약 집에 도둑이 들었다면, 그 도둑은 열쇠로 문을 따고 들어갔을 테니, 그땐 다시 절 찾아오세요. 자물쇠를 바꿔드리지요."

열쇠장인이 더 늙자, 사람들은 그의 기술이 대가 끊기는 것을 막기 위해 제자를 물색해줬고, 열쇠장인은 그 중 마음에 드는 젊은이

들을 골라 자신의 기술을 전수해줬습니다.

얼마 후 두 젊은이는 제법 많은 기술을 익혔습니다. 하지만 두 사람 중 중요한 기술의 진수를 이어받을 사람은 오직 한 명뿐이었습니다. 열쇠장인은 시험을 치러 후계자를 결정하기로 했습니다.

먼저 금고 두 개를 준비해 각각 두 개의 방에 놓은 후, 두 제자에게 들어가서 금고를 열도록 했습니다. 먼저 금고를 여는 사람이 승자였습니다.

시험을 치른 결과, 큰 제자는 10분도 채 안 돼서 금고를 열었지만 다른 제자는 30분이 지나서야 간신히 금고를 열었습니다. 사람들은 모두 큰 제자의 승리를 확신했습니다.

열쇠장인은 큰 제자에게 물었습니다.

"금고 안에는 무엇이 있더냐?"

큰 제자의 눈에는 반짝반짝 빛이 났습니다.

"돈이 많이 있었습니다. 그리고 금괴도 어마어마하게 많더군요!"

열쇠장인이 같은 질문을 둘째 제자에게 하자 그 제자는 한참을 머뭇거리다가 말했습니다.

"사부님, 저는 안에 뭐가 있는지 보지 못했습니다. 사부님이 금고를 열라고만 하셔서 그것만 했습니다."

이 말을 들은 열쇠장인은 매우 기뻐하며 둘째 제자를 정식 후계자로 선포했습니다. 뜻밖의 결과에 당황해 하는 큰 제자와 사람들을 향해 열쇠장인은 미소를 지으며 이렇게 말했습니다.

"어떤 일을 하든지 가장 중시해야 하는 것은 '신용'이라는 두 글자입니다. 게다가 우리가 하는 일에는 '정직'이라는 직업윤리가 하나 더 필요하지요. 열쇠장인이 다른 사람들의 집 문턱을 드나들거나 금고를 열면서 돈을 만지는 것은 손바닥 뒤집는 것만큼이나 쉽습니다. 그런데 열쇠장인이 탐욕에 눈이 멀면 다른 사람에게 피해를 주는 것은 물론 자신도 망가집니다. 특히 재물이 눈에 들어와도 절대로 봐선 안 되죠. 열쇠장인은 마음속에 열쇠만 있어야지 다른 게 있어선 절대 안 됩니다. 우리 열쇠장인들은 절대 열 수 없는 양심의 자물쇠를 하나씩 가지고 있어야 합니다."

정직을 잃은 자는 더 잃을 것이 없다.

\- 릴리(John Lyly, 소설가·극작가)

놓치고 후회하면 무슨 소용 있나요?

뉴욕의 한 신문에 다음과 같은 광고가 실렸습니다.

'최고급 승용차를 1달러에 팝니다.'

광고를 본 스미스는 반신반의했습니다.

"오늘이 만우절도 아닌데 누가 이런 장난을! 아니지, 손해 볼 것도 없는데 한번 찾아가볼까?"

스미스는 단돈 1달러를 들고 신문에 난 주소지를 찾아갔습니다.

그곳은 굉장히 아름다운 별장이었습니다. 스미스가 초인종을 누르자 젊고 우아한 부인이 문을 열고 나왔습니다.

"어떻게 오셨죠?"

"자동차를 사러 왔습니다."

그러자 부인은 그를 곧장 차고로 안내하더니 새것으로 보이는 고급 세단을 가리키며 말했습니다.

"바로 이거예요."

스미스는 믿을 수가 없었습니다.

'혹시 겉만 멀쩡했지, 고장 난 차가 아닐까?'

이런 생각이 들자 스미스는 부인에게 한 가지 제안을 했습니다.

"제가 한번 운전해봐도 될까요?"

부인은 그에게 자동차 열쇠를 선뜻 건네줬습니다. 그런데 차를 타고 동네를 한 바퀴 돌아봐도 문제점은 발견되지 않았습니다. 모든 것이 정상이었습니다.

'설마 이 차가 장물은 아니겠지?'

스미스가 자동차등록증을 보여 달라고 하자, 부인은 이번에도 거리낌 없이 등록증을 보여줬습니다. 차에는 아무 문제도 없었습니다. 더 이상 망설일 이유가 없었던 스미스는 마침내 1달러를 지불하고 정식으로 자동차 열쇠를 건네받았습니다.

하지만 그는 여전히 풀리지 않는 의문 때문에 도저히 그냥 갈 수가 없었습니다.

"부인, 아무래도 궁금해서 안 되겠습니다. 어째서 이렇게 멀쩡한 자동차를 고작 1달러에 팔 생각을 하셨습니까?"

부인은 긴 한숨을 내쉬더니 말했습니다.

"휴우……. 사실 이 차는 제 남편의 유품이에요. 그는 이 차를 제외한 모든 재산을 저에게 남겼죠. 그리고 이 차는 그의 정부에게 줬는데, 어쩐 일인지 차의 판매권만은 제게 넘겼더군요. 그러니까 차를 판 돈을 정부에게 주라고 유서에 쓴 거예요. 젠장!"

스미스는 터져 나오려는 웃음을 간신히 참으며 부인에게 인사를 하고 그 집을 빠져나왔습니다.

집으로 가는 길에 스미스는 친구를 만났습니다. 친구는 그의 멋진 차를 보자마자 어떻게 된 일이냐고 물었고, 스미스는 자초지종을 이야기해줬습니다. 그러자 갑자기 그의 친구가 바닥에 털썩 주저앉으며 한탄하기 시작했습니다.

"하느님 맙소사! 나도 1주일 전에 그 광고를 봤었는데! 나는 어떤 정신 나간 사람의 장난이라고만 생각했지 뭐야!"

작은 기회로부터 종종 위대한 업적이 시작된다.

– 데모스테네스(Demosthenes, 고대 정치가)

기회는 왔을 때 잡아야 합니다.

그것이 비록

다른 사람들의 비웃음을 살 일이라 하더라도 말입니다.

세상에는 기적이라는 게 있으니까요.

똑똑하다고 성공만 하는 건 아닌가 봅니다

삼국시대 조조의 진영에서 주부主簿의 직책을 맡았던 양수楊修는 두뇌 회전이 빠르고 재능이 뛰어나기로 유명했습니다. 하지만 넘치는 자신감 탓에 몇 차례나 조조의 미움을 샀습니다.

한번은 조조가 영내에 화원을 지었습니다. 공사가 끝나자 조조가 와서 보더니 말없이 문 위에 붓으로 '活'자 한 자만 써놓고는 가버렸습니다. 하인들이 뜻을 몰라 어리둥절해 있자 양수가 말했습니다.

"'門(문)' 안에 '活(활)'자를 더했으니, 그것은 '闊(활)'자입니다. 승상은 화원의 문이 넓은 것이 마음에 안 드시는 겁니다(여기서 闊은 넓다는 뜻—옮긴이)."

그래서 사람들은 화원 주변의 담장을 다시 쌓고 문의 크기를 줄인

다음에 조조를 모셨습니다. 그러자 조조는 매우 기뻐하며 누가 자신의 뜻을 알아맞혔는지 물었습니다. 사람들이 양수라고 대답하자 조조는 그를 칭찬했지만 내심 심기가 불편했습니다.

또 어느 날, 북쪽의 국경지방에서 양젖으로 만든 타락죽 한 합을 선물로 보내오자, 조조는 그 위에 '一盒酥(일합소)'라고 써넣었습니다. 그때 마침 들어온 양수가 합 위에 쓰여 있는 글자를 보더니, 숟가락을 들고 와서는 사람들과 나눠 먹어버렸습니다. 명령도 없이 혼자 그런 행동을 한 양수에게 조조가 이유를 물었습니다.

그러자 양수는 이렇게 대답했습니다.

"합 위에 분명히 한 사람이 한 입씩 먹으라고 쓰여 있었습니다(一盒酥에서 一盒 두 글자를 쪼개면 一人一口, 즉 한 명당 한 입이라는 뜻이다–옮긴이). 그런데 어찌 승상의 명령을 받들지 않겠습니까?"

조조는 그의 말에 웃음을 지었지만, 속으로는 매우 언짢았습니다.

한편 의심이 많은 조조는 누군가가 자신을 해치려 한다고 생각하며 늘 두려워했습니다. 그래서 자신은 꿈속에서 사람 죽이기를 좋아한다는 거짓말까지 하면서 시종에게 자신이 자고 있을 때에는 절대 접근하지 말라고 경고했습니다. 실제로 얼마 지나지 않아 그는 이불을 덮어주던 시종을 그 자리에서 죽이고 말았습니다.

땅에 묻히는 시종을 보면서 긴 한숨을 쉬던 양수가 말했습니다.

"승상이 꿈속에 있는 것이 아니라, 네가 꿈속에 있구나."

이 말을 들은 조조는 그때부터 그를 제거할 기회만 노렸습니다.

조조가 대군을 이끌고 유비와 맞서 한중漢中에서 전투를 벌일 때였습니다. 오랫동안 대치 상태가 계속되면서 조조의 군대는 진퇴양난의 처지에 빠져 있었습니다.

어느 날 밤, 요리사가 저녁식사로 들고 온 닭국을 보던 조조는 깊은 생각에 잠겼습니다. 이때 하후돈이 천막 안으로 들어와 야간 암호를 무엇으로 할지 묻자 조조는 별 생각 없이 말했습니다.

"닭갈비!"

이 말은 곧 암구호로 전달됐고, 양수의 귀에까지 들어갔습니다. 그런데 암구호를 들은 양수는 군인들에게 즉시 짐을 싸고 귀환할 준비를 하라고 지시했습니다. 하후돈이 이를 보고 당황하여 이유를 묻자 양수가 말했습니다.

"닭갈비! 그건 버리자니 아깝고, 그렇다고 먹기엔 맛이 없습니다. 그처럼 지금 나가 싸우자니 이길 수 없고, 물러나자니 비웃음을 살 것 같으니, 어떻게 하는 것이 낫겠습니까? 위왕魏王(조조를 가리킴-옮긴이)께선 분명 내일 군대를 철수시키실 것입니다."

하후돈은 이 말을 듣고 감탄하며 영내의 장군들에게 즉시 짐을 싸도록 했습니다.

그러나 이 소식을 들은 조조는 크게 노했고, 유언비어를 퍼뜨려 군기를 교란한 죄를 물어 양수를 사형에 처했습니다.

> 세상 사람들은 나보다 나은 사람을 싫어하고, 나에게 아첨하는 자를 좋아한다.
>
> – 주자(朱子, 중국 송나라 유학자)

걱정 말아요.
넘어졌을 땐 일어나면 그만이니까

암스트롱은 고등학교를 졸업하자마자 곧바로 사업을 시작했습니다. 하지만 충분한 지식과 시장조사 없이 당시의 유행만 믿고 뛰어들었다가 몇 년 후, 파산하고 말았습니다.

재산을 몽땅 잃은 암스트롱은 집에도 돌아가지 못하고 방황하며 이리저리 떠돌아다녔습니다. 그는 자신의 실수를 자책하며 점점 괴로워하다가 결국 자살까지 생각하게 됐습니다.

암스트롱은 천천히 강물로 걸어 들어갔습니다. 그런데 물이 턱까지 잠길 때쯤 멀리서 누군가 외치는 소리가 들렸습니다.

"안 돼요, 안 돼! 멈춰요!"

그러더니 급하게 헤엄치는 소리가 들렸습니다. 그때 이미 암스트롱은 온몸에 힘이 풀려 물속으로 가라앉고 있었습니다.

암스트롱이 눈을 떴을 때, 그곳은 병원이었습니다. 그리고 낯익은 얼굴이 어렴풋하게 보였습니다.

"이제 정신이 좀 드나?"

암스트롱이 힘겹게 입을 열었습니다.

"누구… 세요……?"

"날세, 나. 월리라고! 나 못 알아보겠어?"

암스트롱은 그의 얼굴을 가만히 들여다보더니 갑자기 생각이 난 듯 눈을 번쩍 뜨며 말했습니다.

"아니! 자네가, 어떻게……?"

"이제 내가 누군지 생각나나? 10년 만이야, 암스트롱! 10년 만에 만난 친구가 목숨을 끊으려 하다니! 내가 얼마나 놀랐는지 몰라. 무슨 사연인지는 모르겠지만, 우린 아직 한창이라고. 죽기엔 아직 일러."

암스트롱은 갑자기 흐느끼기 시작했습니다. 그리고 그동안의 일들을 이야기했습니다.

이야기를 다 듣고 난 월리는 말없이 암스트롱의 어깨를 다독여줬습니다. 그는 암스트롱을 돕고 싶었지만 당장에 좋은 방법이 생각나지 않았습니다.

"암스트롱, 너무 걱정하지 마. 방법이 있을 거야. 내가 내일 다시 올게. 그때까지 좋은 생각만 하고 있어. 알겠지?"

집으로 돌아온 윌리는 밤새 고민했습니다. 이럴 때 자신이 어떻게 위로해야 좋을지 도무지 알 수가 없었습니다. 하룻밤 동안 그는 수도 없이 방안을 서성이기만 했습니다. 그러다가 윌리는 문득 거울을 봤습니다. 거울 속에 비친 자신의 모습이 무척 수척해보였습니다. 하지만 눈빛만은 살아 있었습니다. 순간 윌리의 머릿속에 좋은 생각이 스쳤습니다.

날이 밝자 윌리는 곧장 암스트롱이 있는 병원으로 갔습니다. 암스트롱 역시 밤새 한숨도 못 잤는지 퀭한 모습으로 침대에 앉아 있었습니다. 그는 윌리를 보자마자 희미하게 미소를 지어 보였습니다.

"어, 자네. 정말 왔군. 그것도 이렇게 일찍 말이야."

윌리는 병실에 들어오자마자 암스트롱의 손목을 잡아끌며 말했습니다.

"자네에게 소개시켜줄 사람이 있어."

윌리는 암스트롱을 데리고 화장실 벽에 걸린 커다란 거울 앞에 섰습니다. 그리고 손으로 거울을 가리켰습니다.

"내가 소개시켜줄 사람은 바로 이 사람이야. 이 사람만이 너를 재기시킬 수 있어. 이 사람에 대해 철저하게 알지 못하면 너는 또다시 호수에 뛰어들 수밖에 없을 거야. 왜냐하면 이 사람에 대해 충분히 알기 전까지 너는 네 자신에게나 이 세상에게나 아무런 가치도 없는 폐물일 테니까."

암스트롱은 거울 앞으로 바짝 다가가더니 먼지가 잔뜩 묻은 거울 속 자신의 얼굴을 만져봤습니다. 그리고 한참 들여다보더니, 이윽고 펑펑 울기 시작했습니다.

한 달 후, 윌리는 길에서 우연히 암스트롱과 마주쳤습니다. 그런데 하마터면 그를 못 알아볼 뻔했습니다. 반듯하게 차려입은 모습에, 가뿐하고 힘 있는 걸음걸이, 머리부터 발끝까지 자신감 넘치는 모습이었습니다. 그는 아직 성공의 기반을 다지는 중이었지만, 그 모습만으로도 이미 성공을 이룬 사람 같아 보였습니다.

윌리는 뿌듯한 미소를 지으며 암스트롱에게 악수를 청했습니다.

자기를 잘 파악한 사람이 진정한 자신을 발견한 사람이다.

– 알랭 (Alain, 철학자)

할 수 있습니다.

내가 나를 가장 잘 압니다.

나는 할 수 있습니다.

거울 속에서 빛나고 있는 눈빛이

그걸 증명하고 있습니다.

진지한 고민 끝에는 언제나 답이 있어요

한 청년이 미국의 석유 회사에서 일을 시작했습니다. 그는 학력도 높지 않았고 특별한 기술도 없었습니다. 그러다 보니 그가 공장에서 할 수 있는 일이라고는 아주 단순한 일뿐이었습니다. 그가 맡은 일은 석유관의 마개가 잘 용접됐는지 확인하는 것이었습니다. 석유관이 컨베이어를 따라 이동해 회전대 위에 이르면, 용접제가 자동으로 흘러나와 뚜껑을 따라 한 바퀴 돌고나서 작업이 끝나게 되는데, 그는 이 작업을 매일 수백 번씩 지켜봐야만 했습니다.

그는 곧 이 일이 지겨워지기 시작했습니다. 그러나 다른 일자리를 찾기란 결코 쉽지 않았습니다. 결국 그는 현재의 일에서 돌파구를 찾아야 한다고 생각하면서, 다시 용접 작업에 정신을 집중했습니다.

그는 곧 석유관이 한 번 회전할 때마다 용접제가 39방울이 떨어지면 작업이 완료된다는 사실을 발견했습니다. 그때부터 그는 이 과정에 개선할 부분이 있지 않을까 고민하기 시작했습니다.

그러던 어느 날 한 가지 아이디어가 떠올랐습니다.

'용접제를 한두 방울이라도 줄일 수 있다면 원가를 절감할 수 있지 않을까?'

여기까지 생각이 미치자 그는 생활에 활력이 생기기 시작했습니다. 이뤄야 할 목표가 생겼기 때문입니다.

그는 혼자의 힘으로 '37방울형' 용접기를 개발해냈습니다. 그런데 이 기계를 사용했을 경우, 석유관의 기름 누출 위험성이 높아 실제 사용에는 부적합하다는 문제점이 있었습니다. 하지만 그는 낙담하지 않고 다시 '38방울형' 용접기를 개발해냈습니다. 이번에는 완벽한 성공이었습니다. 발명품의 효과를 확인한 회사는 그를 상당히 높이 평가해줬고, 이 기계를 바로 생산하여 현장에 투입했습니다. 이렇게 해서 절약된 '한 방울'의 용접제로 회사는 매년 5억 달러라는 커다란 비용을 절감할 수 있게 됐습니다.

이 청년은 나중에 전 미국 석유 제조업의 95퍼센트를 장악한 석유의 제왕, 록펠러John D. Rockefeller입니다.

좋은 생각을 떠올릴 수 있는 최상의 방법은

생각을 많이 하는 것이다.

- 폴링(Linus Carl Pauling, 물리화학자)

처음부터 다시 시작하는 것을 겁내지 마세요

나비스타 사는 미국의 유명한 기계제조 회사로, 특히 인재에 대한 대우가 좋아서 수많은 인재들은 이곳에서 일하기를 희망했습니다. 그러다 보니 입사 경쟁이 매우 치열했고, 많은 입사 지원자들이 고배를 마시고 돌아가는 것은 흔한 일이었습니다.

스티븐도 예외는 아니었습니다. 하버드대학에서 기계제조업을 전공한 우등생이었던 그도, 수많은 사람들과 함께 매년 입사시험을 볼 때마다 고배를 마셔야 했습니다. 하지만 스티븐은 낙심하지 않았습니다. 오히려 그때마다 어떻게든 나비스타 사에 들어가겠다는 결심만 확고해질 뿐이었습니다.

어느 날 스티븐은 한 가지 묘안을 생각해냈습니다. 일단 회사에 청소부로 들어가기로 한 것입니다. 회사에 입사한 그는, 먼저 인사 부서를 찾아가 무보수로 일할 테니 무슨 일이든지 시켜만 달라고 부탁했습니다. 회사 측은 그를 이상한 사람이라 여기면서도 무보수를 자청했기에 일단 일을 맡겨보기로 했습니다. 스티븐이 맡은 일은 열차에서 나오는 고철 부스러기를 수거하는 일이었습니다.

그는 생계를 위해 저녁에는 다른 일을 하면서, 1년 동안 단순하고도 힘든 일을 성실하게 수행했습니다. 스티븐의 한결같은 근무 태도에 사장과 직원들도 조금씩 관심을 갖기 시작했습니다. 하지만 누구도 그를 정식으로 채용하는 문제를 거론하지는 않았습니다.

그런데 1990년대 초, 회사의 거래처들이 주문을 줄줄이 취소하는 사건이 발생했습니다. 취소 사유는 모두 품질 문제였습니다. 회사의 손실은 어마어마했고, 이사회는 긴급회의를 열어 대책을 논의했습니다. 그러나 회의가 시작된 지 반나절이 지나도 해결책은 보이지 않았습니다. 그때였습니다. 스티븐이 느닷없이 회의실에 들어오더니 사장과 만나게 해달라고 부탁했습니다. 모두들 황당해 하는 가운데 평소 그를 눈여겨보았던 사장이 그에게 기회를 줬습니다.

스티븐은 품질 문제의 원인에 대한 그럴듯한 해석을 내놓았습니다. 그는 기술상의 문제에 대해 자신의 견해를 피력하면서 틈틈이 만들어놓은 상품 개조 설계도까지 제시했습니다. 기계의 장점은 살리되 문제점은 보완하는 선진적인 설계도였습니다.

갑자기 회의장에 뛰어든 청소부가 이 분야에 전문지식을 가지고 해결책까지 제시하자 사장과 이사들은 눈이 휘둥그레졌습니다. 그리고 곧 그가 하버드대학 출신이며 일부러 청소하는 일부터 시작했다는 것도 알게 됐습니다. 사장은 그의 능력을 인정해 그를 즉시 생산 기술을 책임지는 부사장으로 임명했습니다.

스티븐은 청소부로 일하는 동안 여기저기 돌아다닐 수 있다는 장점을 활용했습니다. 그는 회사 각 부분의 생산 현황을 자세히 관찰하면서 꼼꼼하게 기록했고, 기술상의 문제점이 발견되면 그때마다 나름대로 해결 방안을 연구했습니다. 그렇게 1년이 지나는 동안 그는 대량의 데이터를 축적할 수 있었고, 결정적인 순간에 그것을 든든한 근거자료로 삼을 수 있었습니다.

아름드리나무도 털끝 같은 싹에서 생겨나고, 9층이나 되는 누각도 흙 한 덩이에서 세워지며, 천 리의 여행도 발아래에서 시작한다.

– 노자(老子, 고대 철학자)

인내는 쓰디쓰지만
그 열매는 달콤한 법이죠

중국 전국시대를 대표하는 유세가이자 정치가인 소진蘇秦은 젊은 시절, 의식주조차 해결하기 힘들 정도로 집안 형편이 어려웠습니다. 공부한다는 것 자체가 그에게 사치였지만 그는 포기하지 않고 자신의 머리카락을 팔거나 다른 사람의 잡일을 도우면서 돈을 벌어 공부했습니다.

어느 정도 돈을 모은 그는 고향을 떠나 현인이자 사상가인 귀곡자鬼谷子를 찾아가 당시 제후국들 사이에 유행하던 외교전술인 종횡술을 배웠습니다.

시간이 흘러 자신이 배울 만큼 배웠다고 느낀 소진은 천하를 유람하면서 공을 세우겠다는 결심을 하고, 망설임 없이 스승, 친구들과

작별했습니다.

하지만 1년이 지나도록 아무것도 얻지 못한 채 여비만 탕진하고만 소진은 더 이상 버틸 방도가 없자, 결국 누더기 옷에 짚신을 신은 모습으로 귀향길에 올랐습니다.

소진이 집에 도착했을 때 그의 몰골은 말이 아니었습니다. 흙투성이 얼굴에, 장작개비처럼 마른 몸은 상처투성이였습니다. 아내는 거지의 모습으로 갑자기 나타난 그를 보더니 반가워하기는커녕 고개를 가로저으며 한숨을 쉬고는 계속해서 베를 짰습니다. 그의 형수도 그를 외면하며 밥 한 그릇 주지 않았습니다. 게다가 부모, 형제, 여동생까지 모두 그가 마치 없는 사람인 양 취급하며 거들떠보지도 않았습니다. 그러고는 자기들끼리 머리를 맞대고 쑥덕거리며 그를 비웃었습니다.

"우리 주나라 전통에 따르면 자기에게 맡겨진 일에 만족하고 노력하면 10분의 2의 이윤이라도 벌 수 있다는 말이 있잖아. 그런데 참 꼴좋다. 집안일은 내팽개치고 입이나 놀려서 성공해보겠다고 가버리더니 이런 꼴을 당해도 싸지."

이 말을 들은 소진은 부끄러워서 고개도 들지 못했습니다. 그는 방문을 걸어 잠그고 누구도 만나지 않은 채 심각하게 반성했습니다.

'누구를 탓하겠는가. 이 모든 것은 학업이 끝나지도 않았는데 성공하겠다고 욕심을 부린 내 탓인 것을…….'

소진은 자신의 부족함을 깨닫고 다시 정신을 차려 책을 읽기로 마음먹었습니다. 그때 갑자기 이런 생각이 떠올랐습니다.

'공부하려는 사람이 이왕 책 속에 머리를 파묻고 공부에만 전념하기로 결심했으면 거기서 얻은 지식으로 높은 지위에 올라야지, 저렇게 많은 책을 읽기만 한들 무슨 소용이 있겠는가?'

우선 그는 많은 책 중에서 도교 경전인 《음부경陰符經》을 골라 정신을 집중하여 파고들었습니다. 그는 매일 밤늦게까지 책을 읽다가 책상 위에서 잠이 들곤 했습니다. 그리고 깨어날 때마다 후회하면서 자신의 나태함과 형편없음을 꾸짖었습니다.

그러던 어느 날, 책을 읽다가 졸음을 참지 못하고 자기도 모르게 책상 위에 엎어진 그는 깜짝 놀라 잠에서 깨어났습니다. 팔뚝이 뜨끔해서 살펴보니 책상 위에 못 하나가 튀어나와 있었던 것입니다. 소진은 무릎을 탁 치며, 송곳을 하나 찾아들고는 다시 책상 앞에 앉았습니다. 그 이후부터는 졸음이 온다 싶으면 송곳으로 자신의 허벅지를 사정없이 찔렀고, 그때마다 깜짝 놀라며 잠에서 깨어났습니다. 이렇게 고통스럽게 공부를 하다 보니 그의 허벅지는 항상 피가 흥뻑 젖어 있어 차마 눈뜨고는 보지 못할 정도였습니다.

그가 이렇게까지 하는 모습을 본 가족들은 안타까워하며 그를 달랬습니다.

"반드시 성공하겠다는 너의 결심도 잘 알고, 그 심정도 다 이해한다만, 그렇게까지 너 자신을 학대할 필요는 없잖니?"

그럴 때마다 소진은 이렇게 대답했습니다.

"이렇게라도 하지 않으면 저는 과거의 치욕을 잊어버릴지도 모릅니다. 이렇게 해야만 고통 속에서도 공부를 계속하도록 저 자신을 재촉할 수 있어요."

1년 동안 허벅지를 피투성이로 만들어가며 고통스럽게 계속 공부한 끝에 소진은 많은 것들을 깨달았고, 마침내 《췌揣》와 《마摩》, 두 권의 책을 썼습니다.

그제야 소진은 자신감 넘치는 말투로 말했습니다.

"이제 나는 어떤 나라의 왕도 설복할 수 있다."

우연히 현명해진 사람은 없었다.

– 세네카(Lucius Annaeus Seneca, 고대 철학자)

인생은 타이밍이 중요하지요

가난한 소년이 있었습니다. 그는 아침부터 일자리를 찾아다녔습니다. 하지만 아무도 소년에게 일을 맡기려 하지 않았습니다.

'쟁반을 나르거나 설거지하는 일이라도 괜찮은데……. 시켜만 준다면 무슨 일이든 다 잘할 자신 있는데…….'

아무 소득 없이 정오를 맞게 된 소년은 피곤에 지친 나머지 나무 그늘에 털썩 주저앉아버리고 말았습니다. 그리고 곧 나무에 기대어 깊은 잠에 빠져들었습니다.

소년이 막 잠이 들자 큰길 쪽에서 화려한 마차가 달려왔습니다. 마차는 나무 앞에 멈춰서더니 그 안에서 젊은 신사가 아내를 부축하면서 내려왔습니다. 그들은 길에 쓰러져 자고 있는 소년을 발견하고

잠시 멈춘 것이었습니다.

"정말 달콤하게 자고 있군. 어쩜 숨소리도 저렇게 순할 수가 있지? 잠깐만이라도 좋으니 나도 저렇게 단잠을 잘 수 있다면 얼마나 행복할까!"

신사가 부러운 말투로 말했습니다. 그의 아내도 남편의 말에 고개를 끄덕이며 말했습니다.

"아마 우리 같은 나이에는 절대 저렇게 잘 수는 없을 거예요. 그런데 이 귀여운 소년은 정말 우리 아들과 닮았네요. 한번 깨워볼까요?"

"우리는 아직 이 아이가 어떤 아이인지 잘 모르잖아."

신사는 아직 소년이 미덥지 않았습니다.

"저 얼굴을 좀 보세요. 얼마나 순수해 보이는지!"

아내가 남편의 마음을 돌리려는 듯 말했습니다. 그러나 결국 두 사람은 소년을 깨우지 않았고, 몹시 아쉬워하며 마차를 타고 가버렸습니다.

이 신사는 대단한 부자로, 최근 하나 밖에 없는 아들이 죽은 후, 집안을 계승할 아이를 찾고 있던 중이었습니다. 그들은 소년이 마음에 들었고, 이야기를 나눠보고 싶었지만, 그가 너무나 달콤하게 잠을 자고 있어서 차마 깨울 수가 없었던 것이었습니다. 행운은 이렇게 갑자기 찾아왔다가 어느새 다시 떠나갔습니다. 하지만 깊은 잠에 빠진 소년이 이 사실을 알 리가 없었습니다.

잠시 후, 아름다운 아가씨가 사뿐사뿐 뛰어다니면서 나비를 쫓다가 소년이 잠든 나무 아래로 지나가게 됐습니다. 그 아가씨는 말벌 한 마리가 소년의 머리 위에 앉아 있는 것을 보고, 자기도 모르게 손수건을 꺼내 벌을 쫓아줬습니다. 그러다가 아가씨는 잠자는 소년의 얼굴을 보고 한눈에 반해버렸습니다.

"정말 멋진 소년이구나! 잠에서 깨어나면 어떤 모습일까? 목소리는 또 어떨까?"

그녀는 소년 옆에 앉아 그가 깨어나기를 기다렸습니다. 그러나 10분을 기다려도 깨어나지 않자, 서둘러 집으로 돌아갔습니다. 집에

늦게 들어가면 아버지께 꾸중을 듣기 때문이었습니다.

그녀의 아버지는 큰 석유 상인이었는데 얼마 전부터 딸을 위해 정직한 사윗감을 물색하고 있었습니다. 그는 사윗감이 조금은 가난하더라도 정직하기만 하다면 문제될 게 없다고 생각하고 있었습니다. 소년과 그 아가씨는 서로 인사를 나누고 기회가 되면 계속 만날 수도 있었지만 소년은 잠에서 깨어나지 않았고, 기다리다 지친 아가씨는 가버리고 말았습니다.

다시 몇 분이 지났습니다. 불량배 두 명이 잠든 소년에게 다가왔습니다. 그들은 얼굴에 마스크를 쓰고, 주머니 속에 날카로운 칼을 감추고 있었습니다.

"저놈에게 돈이 좀 있을 것 같은데!"

"가서 뒤져보고, 만약에 반항하면 칼로 찔러버리자."

그런데 불량배들이 소년의 몸을 뒤지려는 순간, 어디선가 사나운 개가 달려들었습니다.

"경찰견인가 보다. 요 며칠 사이 재수가 없더니."

결국 강도들은 포기하고 도망가버렸습니다.

소년은 잠든 지 두 시간 만에 깨어났습니다. 오후의 햇살은 여전히 환하게 빛나고 있었습니다. 소년은 크게 기지개를 켰습니다.

"낮잠 한번 달게 잘 잤다. 이제 다시 일자리를 찾으러 나서볼까!"

엉덩이를 툭툭 털고 자리에서 일어난 소년은 다시 큰길 쪽으로 걷기 시작했습니다.

꽃이 가루받이를 하는 짧은 시간, 물고기가 먹이를 집어 먹는 짧은 시간이란 일단 놓쳐버리면 다시 그런 순간을 만날 기회는 여간해서 찾아오지 않는다. 그러므로 당신은 떠오르는 것을 끊임없이 지켜보아야 한다.

- 테오도어 루빈(Therodore I. Rubin, 정신분석학자)

멀리,
좀 더 멀리 바라보세요

중국의 어느 마을에 산을 깎아서 바위를 캐던 두 청년이 있었습니다. 그 중 한 사람은 바위를 잘게 부순 후 길가로 운반해 건설업자에게 팔았고, 다른 한 사람은 바위를 통째로 항구까지 옮겨 항저우의 상인에게 팔았습니다. 바위를 통째로 판 청년은 이 산의 바위 모양이 특이한 것을 발견하고는 그것의 가치를 부각시켰던 것입니다.

그로부터 3년 후, 바위를 통째로 팔았던 청년은 마을에서 맨 처음으로 기와집을 지을 정도로 부유해졌습니다.

세월이 지나 산을 깎는 것이 불법화되고 나무만 심을 수 있게 되자, 산은 곧 과수원이 됐습니다. 매해 가을이 되면 이곳은 산과 들이 온통 잘 익은 배로 뒤덮였고, 전국 곳곳에서 상인들이 몰려왔습니다. 마을 사람들은 산더미처럼 쌓인 배를 광주리에 담아서 일부는 베이징과 상하이로 보내고, 또 일부는 한국과 일본으로 수출했습니다. 진한 과즙과 아삭아삭한 과육, 높은 신선도 때문에 이곳의 배는 유난히 인기가 좋았습니다.

마을 사람들이 배 재배로 얻은 뜻밖의 횡재에 환호할 때, 예전에 바위를 통째로 팔았던 그 청년은 배나무를 모두 팔아치우고 광주리를 만들 수 있는 버드나무를 재배하기 시작했습니다. 그가 보기에 이곳에 오는 상인들의 걱정거리는 좋은 배가 없다는 것이 아니라 배를 담을 광주리를 구할 수 없다는 것이었습니다. 5년 후, 그는 마을에서 가장 먼저 시내에 있는 건물을 소유할 정도로 부유해졌습니다.

다시 몇 년이 흘러, 철도가 마을을 남북으로 관통하자 마을 사람들은 기차를 타고 북쪽으로는 베이징까지, 남쪽으로는 저우룽까지 갈 수 있게 됐습니다. 이 작은 마을이 바깥 세상에 개방되자 농민들도 단일 작물 재배에서 탈피해 과일 가공과 새로운 시장 개척 등의 문제에 대해 관심을 가지기 시작했습니다.

그런데 마을 사람들이 자금을 모아 공장을 세우기 시작할 때, 청년은 자기 땅에 높이 3미터, 길이 100미터에 이르는 커다란 벽을 세웠습니다. 철로와 나란히 세워진 벽 뒤로는 버드나무 숲이 있었고,

양 옆으로는 배나무 과수원이 끝없이 펼쳐져 있었습니다.

그 후로 기차를 타고 이곳을 지나는 사람들은 흐드러지게 피어 있는 배꽃을 감상하다가 커다란 광고판을 보게 됐는데, 거기에는 '코카콜라'라고 적혀 있었습니다. 이 광고는 500리가 넘는 이 마을에서 유일무이한 광고였습니다. 이 벽의 주인인 청년이 광고로 벌어들인 돈은 1년에 4만 위안이 넘었고, 그는 벽 하나로 이 마을을 떠난 최초의 사람이 됐습니다.

1980년대 말, 일본 도요타사의 아시아 대표인 야마다 신이치가 참관 차 중국을 방문했을 때였습니다. 기차를 타고 이 작은 산촌을 지나가던 야마다 신이치는 이야기 속 주인공의 탁월한 사업 수완에 놀라 당장 기차에서 내려 그를 찾아갔습니다.

마침 그가 청년을 찾아냈을 때 청년은 자신의 가게 입구에서 맞은편 가게 주인과 말다툼을 하고 있었습니다. 청년의 가게에서 파는 양복이 800위안일 때, 맞은편 가게는 750위안이었고, 그의 가게에서 750위안일 때, 맞은편 가게는 700위안이었습니다. 그래서 한 달 동안 청년은 여덟 벌밖에 못 판 반면, 맞은편 가게는 800벌이나 팔았다는 것이 싸움의 발단이었습니다.

야마다 신이치는 이 광경을 보고 자신이 속았다고 생각하며 매우 실망했습니다. 그러나 그는 곧 일의 내막을 알게 됐고, 그 즉시 연봉 100만 위안으로 그 청년을 고용했습니다. 알고 보니 그 맞은편 가게 주인도 바로 그 청년이었던 것입니다.

기회를 놓치지 마라! 인생은 모두가 기회다. 제일 앞서가는 사람은 과감히 결단을 내리고 실행하는 사람이다. '안전제일'을 지키고 있다면 결코 먼 곳까지 배를 저어 갈 수가 없다.

– 데일 카네기(Dale Carnegie, 학자·강연자)

성공은 소리 없이 이뤄집니다

옛날, 네덜란드의 어느 작은 마을에 젊은 농부가 이사를 왔습니다. 그는 이곳에서 새로운 직업을 찾았는데, 중학교 정도의 교육밖에 받지 못했기에 관공서의 정문을 지키는 일을 맡았습니다.

그는 장기를 두거나 카드놀이를 하거나 술을 마시며 수다를 떠는 것에는 흥미가 없어서 혼자 조용히 여가시간을 보내곤 했습니다. 유일한 취미는 렌즈를 가공하는 것이었는데, 거기에는 많은 시간과 노력이 필요했습니다. 자신이 좋아하는 일이어서 그는 틈만 나면 피곤함도 잊은 채 렌즈를 갈고 또 갈았습니다.

일을 시작한 후부터 그는 한 번도 마을 밖으로 나간 적이 없었고, 직업을 바꾸지도 않았습니다. 물론 그동안의 고달픔과 무미건조함은 이루 말할 수 없었지만, 그는 특유의 집중력과 세심함, 한 번 마음먹으면 끝까지 해내고야 마는 정신력으로 버텼습니다.

그로부터 60년의 세월이 흘렀습니다. 어느덧 그의 렌즈 가공 기술은 전문가의 수준을 뛰어넘었습니다. 더 나아가 그는 자신이 연마한 렌즈로 현미경을 연구, 제작해 당시 과학기술계에서는 아직 베일에 싸여 있던 미생물 분야를 개척했습니다. 이는 전 세계를 놀라게 한 일이었습니다. 그로 인해 그는 파리과학원의 회원 칭호까지 받게 됐으며, 영국의 여왕도 네덜란드 방문 시 따로 일정을 내어 그를 만났을 정도였습니다.

이 기적을 창조한 평범한 농민은 바로, 유명한 현미경학자이자 박물학자로 후세 사람들에게 널리 알려진 레벤후크Antonie van Leeuwenhoek입니다.

끈기를 대신할 수 있는 것은 이 세상 어디에도 없다. 재능도 대신하지 못한다. 재능이 있어도 성공하지 못한 사람들이 얼마나 많은가? 천재성도 대신하지 못한다. 천재성이 별다른 쓸모가 없다는 것은 잘 알려진 사실이다. 교육으로도 대신하지 못한다. 세상에는 교육받은 낙오자들로 가득하다. 끈질긴 노력과 결단력만이 무엇이든 할 수 있게 만든다.

– 쿨리지(John Calvin Coolidge, 정치가)

4

고달픈 날에 위로가 되는 이야기

이 세상에
고통 없는 사람은 없어요

유럽에 유명한 여성 성악가가 있었습니다. 그녀는 30대의 젊은 나이에 일찌감치 세계적으로 이름난 성악가가 됐습니다. 독창회 입장권이 1년 전에 매진될 정도로 그녀의 인기는 유럽 전역에 퍼져 있었습니다.

그날도 그녀는 관객들의 뜨거운 호응 속에서 성공적으로 공연을 마쳤습니다. 공연이 끝난 후, 성악가는 남편과 함께 아들을 데리고 극장을 나섰습니다. 성악가로서의 성공뿐 아니라, 좋은 남편을 만나 원만하고 행복한 가정을 꾸리는 데도 성공한 그녀였습니다.

기다리던 관중들은 순식간에 성악가 가족을 둘러쌌습니다. 사람들은 부러운 시선으로 앞다투어 그녀를 치켜세웠습니다. 어떤 사람은 그녀가 대학을 졸업하자마자 중앙 가극단에서 주인공을 맡았던 것에 대해 말하고, 또 어떤 사람은 그녀가 부유한 대기업 사장과 결혼해서 귀여운 아들까지 가졌다며 부러워했습니다.

그 칭찬의 주인공인 성악가는 웃으며 사람들이 하는 말을 잠자코 듣기만 했습니다. 그러고는 사람들의 말이 다 끝나기를 기다렸다가 천천히 말을 꺼냈습니다.

"우선 여러분이 저와 저의 가족을 칭찬해주신 것에 대해 감사드립니다. 하지만 여러분이 보시는 것은 단지 한 부분에 지나지 않습니다. 여러분이 칭찬하신 이 아이는 불행하게도 말을 할 수 없습니다. 또, 지금 집에 있는 이 아이의 누나는 쇠창살이 설치된 방에서 몇 년간 갇혀 지내야 하는 정신분열증 환자입니다."

성악가의 말에 사람들은 놀라서 입을 다물지 못하고, 그저 서로의 얼굴만 쳐다볼 뿐이었습니다.

성악가는 차분하게 다시 말을 이었습니다.

"이런 것들이 무엇을 의미할까요? 저는 이것이 하나의 진리를 설명하고 있다고 생각합니다. 그건 바로, 조물주는 누구 한 사람에게만 너무 많은 것을 주지는 않는다는 것입니다."

사람들은 그녀에게 박수를 보냈습니다.

들판 위로 내리는 비가

산 위로 나타나는 구름과 다르듯

어떤 사람이 노출시키는 면은

그가 감추고 있는 면과 다르다.

– 칼릴 지브란(Kahlil Gibran, 시인·철학자)

나를 위하는 마음을 헤아리는 것도 배려의 또 다른 모습이에요

유명한 연극배우의 공연이 있는 날이었습니다. 무대 뒤에서 등장할 차례를 기다리고 있는 그에게 한 제자가 다가왔습니다.

제자는 조심스럽게 말을 꺼냈습니다.

"선생님, 신발 끈이 풀어져 있습니다. 제가 묶어드릴까요?"

배우는 잠시 멈칫하더니 이내 웃으며 말했습니다.

"아, 그렇군. 말해줘서 고맙네. 묶는 건 내가 하지."

배우가 허리를 숙여 신발 끈을 묶기 시작하자 제자는 뿌듯한 듯 미소를 지으며 자리로 돌아갔습니다. 그런데 제자가 자리에 앉는 것을 확인하자마자 배우는 황급히 신발 끈을 풀기 시작했습니다.

옆에서 이 상황을 지켜보고 있던 사람이 고개를 갸웃거리며 물었습니다.

"선생님, 신발 끈을 왜 다시 푸십니까?"

배우는 신발 끈을 풀면서 대답했습니다.

"오랜 시간 걸어서 지친 여행자를 연기해야 하거든. 그래서 일부러 신발 끈을 풀어놓았었지."

"그런데 왜 아까는 제자에게 그런 설명을 하지 않으셨습니까?"

배우가 신발 끈을 다 풀고는 허리를 펴면서 말했습니다.

"나를 염려해서 해준 말인데, 그 자리에서 무안하게 만들 필요는 없지 않겠나. 설명이야 나중에 해도 되고 말이야. 아, 이제 내 차례군."

이렇게 말하며 무대 위로 올라가는 배우의 뒷모습에서 따뜻한 기운이 번져 나왔습니다.

> 생각이 너그럽고 두터운 사람은 봄바람이 만물을 따뜻하게 기르는 것과 같으니 모든 것이 이를 만나면 살아난다. 생각이 각박하고 냉혹한 사람은 북풍한설이 모든 것을 얼게 함과 같아서 만물이 이를 만나면 곧 죽게 된다. - 《채근담》

사기를 꺾는 말, 질책하는 말, 마음을 아프게 하는 말은

그냥 꿀꺽 삼켜버리세요.

남에게 상처 주는 말을 내뱉고 나면

그 말이 가시가 되어 언젠간 나에게 되돌아옵니다.

내 마음에 가시가 있으면 내가 가장 아픈 법이죠

옛날 중국 주나라에 어떤 부자가 살고 있었습니다.

사람 부리는 일에 서툴고 거칠었던 그는, 일꾼들에게 쉴 틈도 주지 않은 채 이른 아침부터 늦은 저녁까지 일을 시켰고, 그들의 딱한 사정을 봐주는 일도 결코 없었습니다. 덕분에 그의 재산은 날로 늘어났지만, 그에 대한 원망의 목소리도 커져만 갔습니다.

그런데 아무 걱정이 없을 것만 같은 부자는 온종일 피곤하고 짜증만 났습니다. 그도 그럴 것이, 밤마다 꿈에서 어느 못된 상전 밑에 들어가 혹독한 종살이를 했기 때문입니다. 비록 꿈이라도 밤새 진이 빠지도록 종살이를 하고 나면, 그 다음 날은 온몸이 물에 젖은 솜처럼 무겁게 늘어져 짜증밖에 나지 않았습니다.

한편, 그가 데리고 있는 일꾼 중에는 근력이 달리고 힘이 부쳐 끙끙거리면서도 항상 웃는 낯으로 일하는 노인이 있었습니다. 노인을 불러 그 까닭을 물었습니다. 그러자 노인이 대답했습니다.

"저는 낮에는 주인어른 밑에서 일합니다만, 밤이 되면 임금이 되는 꿈을 꿉니다. 인생 백 년 중에서 절반인 낮에는 종노릇을 하고, 나머지 절반인 밤에는 임금이 되니, 낮의 괴로움을 어찌 괴로움이라 한탄하겠습니까? 그러니 낮은 낮대로, 밤은 밤대로 저에게는 다 뜻있는 삶이지요."

이 말을 듣고 난 부자는 막힌 가슴이 뻥 뚫리는 기분이었습니다. 그는 당장 노인의 과다한 노역부터 덜어주었고, 다른 일꾼에게도 전과 달리 온정을 베풀었습니다. 그랬더니 매일 밤 꾸던 악몽도 거짓말처럼 사라졌고, 기분 좋은 하루하루를 보낼 수 있게 됐습니다.

따뜻한 마음은 이를 주는 사람이나 받는 사람이나 다 같이 행복하다. 만약 임금에게 자비심이 있다면, 그것만으로도 오히려 그의 머리의 금관보다 빛날 것이다.

– 아우구스티누스(Aurelius Augustinus, 고대 철학자 · 사상가)

무겁죠?
버리세요!

공자는 젊었을 때 산책하는 것을 좋아했습니다. 그의 이웃에는 훌륭한 기술을 가진 늙은 석공이 살고 있었는데, 무지막지한 바위 덩어리도 그의 손을 거치면 살아 움직이는 꽃과 새로 변했습니다.

어느 날 공자가 석공의 집에 놀러갔을 때, 석공은 이미 고인이 된 노나라 어느 대부의 돌비석을 만들고 있었습니다.

그 모습을 본 공자가 한숨을 내쉬며 말했습니다.

"어떤 사람은 구름처럼 왔다가 가면 흔적 하나 남지 않는데, 어떤 사람은 자기 이름을 비석에도 새기고, 역사서에도 남기는군요. 이런 사람은 일생이 허망하지는 않겠어요."

그러자 석공은 망치질을 멈추고 공자에게 물었습니다.

"너도 네 이름을 비석 위에 새겨 넣어 수천 년의 세월 동안 후세 사람들의 존경을 받고 싶으냐?"

공자는 풀이 죽은 목소리로 말했다.

"저기 저 흔한 풀과 나무만큼이나 평범한 제가, 제 이름을 후세 사람들의 마음속에 새겨 넣는다는 건 걸어서 하늘에 올라가는 것만큼이나 어렵지 않을까요?"

이 말을 들은 석공은 고개를 가로저었습니다. 그러고는 단단하고 매끄러운 돌덩어리를 가리키며 말했습니다.

"전혀 어렵지 않단다. 잘 봐라."

석공은 한 손에는 끌을, 다른 한 손에는 망치를 들고는 땡그랑거리며 돌에 뭔가를 새기기 시작했습니다. 돌 부스러기들이 경쾌한 망치 소리에 맞춰 떨어져 나갔습니다. 잠시 후, 바위는 살아 있는 듯 생동감 넘치는 연꽃 모양이 됐습니다.

석공이 말했습니다.

"이 연꽃이 비바람에도 닳아 없어지지 않게 하려면 훨씬 더 깊게 새겨야 해. 그만큼 많은 돌 부스러기를 파내야 하지. 인생에서도 마찬가지야. 삶에 불필요한 돌 부스러기들을 부지런히 파내다 보면, 돌비석처럼 견고한 삶을 만들 수 있는 거야."

아무것도 버릴 수 없는 자는

아무것도 느낄 수 없다.

- 니체(Friendricdh Nietzsche, 철학자)

생명이 있는 한
희망은 있답니다

제이미는 겨울방학을 맞아 시골에 있는 할아버지 댁에서 며칠 지내기로 했습니다. 할아버지는 농장을 운영하셨는데, 거기에는 갖가지 나무가 많았습니다. 제이미는 나무들이 늘어서 있는 곳에서 노는 것을 가장 좋아했습니다.

어느 날 제이미는 뒤뜰에 있는 무화과나무들 사이에서 놀다가 그 중에서 유난히 보기 흉한 나무 한 그루를 발견했습니다. 그 나무는 껍질이 군데군데 벗겨지고, 줄기도 푸른빛을 잃은 채 완전히 시들어 있었습니다. 가지를 살짝 건드리기만 해도 툭하고 부러져버렸습니다. 제이미가 보기에 그 나무는 죽은 게 틀림없었습니다.

"할아버지! 뒤뜰에 있는 무화과나무 한 그루가 죽은 것 같아요. 베어버리고 얼른 다른 나무를 심어야겠어요."

그러자 할아버지는 고개를 저으며 말했습니다.

"그 나무라면 할아버지도 알고 있단다. 하지만 봄까지 기다려보자꾸나. 겨울에는 나무를 베어선 안 돼."

"왜요? 저 나무는 너무 많이 시들어 다시 살아날 수 없을 텐데요."

"그래, 어쩌면 가망이 없을지도 모르지. 하지만 어쩌면 그 나무는 지금 새로운 힘을 모으고 있는 중일 수도 있단다. 그러면 봄이 되어 다시 싹을 틔우고 가지를 뻗겠지. 한번 지켜보자."

제이미는 할아버지의 말씀을 이해할 수 없었지만 그냥 뜻에 따르기로 했습니다.

이듬해 봄, 제이미는 할아버지의 전화를 받았습니다.

"제이미, 할아버지 집에 오지 않을래? 보여줄 게 있단다."

궁금함을 참지 못한 제이미는 바로 다음 날 부모님을 졸라 할아버지 댁으로 향했습니다.

할아버지는 집 앞에 미리 나와 계셨습니다. 제이미는 차에서 내리자마자 할아버지를 향해 달려갔습니다. 할아버지는 제이미를 번쩍 들어 안았습니다.

"할아버지, 보여주실 게 뭐예요?"

"녀석, 급하긴……."

"그것 때문에 엄마 아빠를 졸라 달려온 걸요!"

"그래, 그럼 어디, 그것부터 보러 가볼까?"

"네!"

제이미의 우렁찬 대답에 할아버지는 너털웃음을 지으며 뒤뜰로 향했습니다. 할아버지는 뒤뜰의 무화과나무 앞에 멈춰 섰습니다. 그러고는 나무 한 그루를 가리켰습니다. 그건 지난 겨울, 제이미가 베어버리자고 했던 바로 그 나무였습니다. 분명 죽은 것 같았던 그 무화과나무는 놀랍게도 정말 새싹을 틔운 채 봄 햇살을 받아 반짝반짝 빛나고 있었습니다.

"우와, 할아버지! 이 나무가 정말로 죽지 않고 살아 있어요!"

"그래, 제이미. 생명이 있는 것은 쉽게 죽지 않는 법이란다."

제이미는 할아버지의 손을 잡고 살아난 무화과나무를 신기한 듯 바라보았습니다.

희망은 볼 수 없는 것을 보고, 만져질 수 없는 것을 느끼고, 불가능한 것을 이룬다. - 헬렌 켈러(Helen Keller, 작가 · 교육자)

힘겨운 순간이 곧 죽음을 의미하는 것은 아닙니다.

생명이 있는 것은 쉽게 죽지 않으니까요.

다만, 잠시 죽은 듯 움츠려

새로운 시작을 위한 에너지를 모으고 있을 뿐입니다.

나만의 잣대로 다른 사람의 인생을 보려 하지 마요

원보우는 동료 기자와 함께 취재차 산골의 외딴 마을에 들렀습니다. 마을 촌장의 도움으로 두 사람은 이 마을에서 가장 가난한 집을 찾아갔습니다. 그런데 대문을 들어서기 직전, 촌장은 두 사람에게 한 가지 귀띔을 해줬습니다.

"이 집에는 아버지와 아들이 살고 있는데, 아버지는 하반신 불구로 하루 종일 누워 있어야 하고, 아들은 치매를 앓고 있지요."

원보우와 동료는 고개를 끄덕이며 집 안으로 들어섰습니다. 그런데 들어서자마자 두 사람은 깜짝 놀라고 말았습니다. 왼쪽에는 소 여섯 마리가 있었고, 오른쪽에는 부자의 침대 두 개가 놓여 있었으며, 그 사이에는 허리 높이의 흙벽으로 칸막이가 설치돼 있었습니다. 그건 집이라기보다 차라리 외양간이었습니다.

원보우의 동료가 촌장에게 귓속말로 물었습니다.

"마을에서는 이 부자에게 보조금을 얼마나 지급하나요?"

"한 푼도요. 이들이 도움을 원치 않거든요."

둘은 깜짝 놀라서 물었습니다.

"그러면 생활은 어떻게 하죠?"

그러자 촌장이 이들 부자의 속사정을 이야기해줬습니다.

"아버지는 삿갓과 우의를 만들면서 마을 사람들의 가구를 고쳐주기도 해요. 아들은 마을에서 소를 방목하죠. 지능이 좀 떨어지긴 하지만 그렇다고 일을 못하지는 않아요. 한 번도 큰 실수를 한 적이 없으니까요. 넉넉하진 않지만 두 사람이 생활하는 데는 크게 지장이 없죠."

원보우와 동료는 부챗살처럼 엉성한 나무문을 밀고 부자가 머무는 곳으로 들어갔습니다. 안에는 하체가 없는 백발의 중년 남자가 침대 위에 앉아서 우의를 짜고 있었습니다. 그 모습을 본 원보우는 자기도 모르게 주머니에서 50위안짜리 지폐를 꺼내 그에게 건넸습니다.

남자는 원보우가 내민 지폐와 그의 얼굴을 번갈아 쳐다보더니 덤

덤하게 물었습니다.

"뭘 사시겠소? 삿갓? 아니면 우의?"

"아무것도 안 삽니다."

그러자 노인은 버럭 화를 내며 소리를 질렀습니다.

"아무것도 안 사면서 왜 나에게 돈을 주는 거요? 당신 눈에는 내가 거지로 보이오?"

그 목소리가 어찌나 크고 당당한지 원보우는 움찔 놀랐습니다. 그리고 자신이 아주 큰 실수를 저질렀다는 것도 깨달았습니다. 원보우는 자신도 모르는 사이에 그들의 처지를 자신보다 못한 것으로 여기고 있었던 것입니다.

원보우가 미안한 표정을 지으며 어쩔 줄 몰라 하자, 노인이 말했습니다.

"당신 눈에는 우리가 한없이 초라해 보이겠지만, 보시오! 우리는 우리 나름대로의 방식으로 이렇게 살아 있잖소!"

가난해도 만족하는 사람은 부자이다.

– 셰익스피어(William Shakespeare, 극작가)

우리는 다른 사람들의 불행을 보고

나의 행복에 대해 안도하곤 합니다.

하지만 누가 감히 그들의 삶을 '불행'이라 말할 수 있을까요?

그들은 그저, 나보다 조금 어려운 상황에 처했을 뿐입니다.

어렵다고 해서 다 불행한 건 아니잖아요.

부족하기 때문에 얻는 것도 있어요

세 명의 여행객이 같은 여관에 투숙하게 됐습니다.

다음 날 아침, 한 명은 우산을 들고, 다른 한 명은 지팡이를 가지고, 마지막 한 명은 빈손으로 문을 나섰습니다.

그런데 저녁이 되어 세 사람이 모두 여관으로 돌아왔을 때, 우산을 들고 나갔던 여행객은 온몸이 비로 흠뻑 젖어 있었고, 지팡이를 들고 나갔던 여행객은 넘어져서 온몸이 상처투성이인 채 돌아왔습니다. 오히려 빈손으로 나갔던 세 번째 여행객만이 멀쩡하게 돌아왔습니다.

첫 번째와 두 번째 여행객이 이해할 수 없다는 듯 세 번째 여행객에게 물었습니다.

"당신은 어째서 아무렇지도 않나요?"

세 번째 여행객은 대답 대신 우산을 들고 나간 여행객에게 물었습니다.

"당신은 어떻게 비에 젖기만 하고 넘어져 다치진 않았나요?"

우산을 들고 갔던 여행객이 말했습니다.

"지팡이가 없으니 길을 지날 때에는 되도록 상태가 좋은 길만 골라서 조심스럽게 걸었지요. 그런데 비가 올 때에는 우산을 쓰고 빗속을 걸었는데도 이상하게 몸이 젖습디다."

그는 다시 지팡이를 들고 나간 여행객에게 물었습니다.

"당신은 어째서 비에 젖지는 않고, 넘어져 다치기만 했나요?"

지팡이를 들고 나섰던 사람이 말했습니다.

"우산이 없으니 비가 많이 올 때는 비를 피할 만한 곳을 찾아서 다녔지요. 그래서 몸이 젖지는 않았는데, 진흙탕 길이나 울퉁불퉁한 길을 걸을 때는 지팡이를 짚고 걸었는데도 왜 그런지 자꾸 넘어지게 되더군요."

두 사람의 말을 들은 세 번째 여행객은 그제야 웃으며 이렇게 말했습니다.

"제가 아무 일 없이 멀쩡한 이유를 알려드리죠. 비가 오면 비를 피해가며 다녔고, 길이 좋지 않으면 조심해서 걸었기 때문이에요. 이제 보니, 좋은 것을 가졌다고 해서 다 도움이 되는 건 아니군요."

최초의 큰 웃음보다는 마지막의 미소가 낫다. - 영국 속담

"아니다"라고 말할 수 있는 용기도 필요해요

베니는 처음으로 아빠를 따라 사냥을 나섰습니다. 사냥을 싫어하는 베니에게는 그다지 신나는 일이 아니었지만, 아빠가 좋아하시는 모습을 보는 게 좋아서 순순히 따랐습니다.

해도 뜨지 않은 이른 새벽, 두 사람은 목적지에 도착했습니다. 아빠는 베니에게 먼저 사냥총을 주면서 비둘기를 조준하는 법과 총 다루는 법을 가르쳐줬습니다. 그런 다음 두 사람은 좀 더 깊은 해안의 작은 섬으로 배를 타고 들어갔습니다.

그 사이 날은 밝았고, 천천히 떠오르는 해를 배경으로 물오리들이 길게 줄지어 날아가는 모습이 보였습니다. 장관이었습니다.

"이제 탄환을 장전하자. 어떤 때는 새들이 순식간에 머리 위로 날

아가버리거든."

아빠의 목소리는 흥분에 차 있었습니다.

"너 먼저 쏴라. 난 오늘을 얼마나 기다렸는지 모른다. 우리 두 사람이……."

아빠는 갑자기 말을 멈추더니 몸을 앞으로 숙이고는 눈을 가늘게 뜨며 말했습니다.

"한 무리가 이쪽을 향해 날아오고 있구나. 머리를 낮춰라. 때가 되면 너를 부를게."

잠시 후, 아빠는 목소리를 낮춰서 외쳤습니다.

"검은 물오리 네 마리! 청둥오리 한 마리야! 준비!"

베니는 기계적으로 아빠의 말에 따랐습니다. 일어서서 아빠가 가르쳐준 대로 몸을 구부리고 조준했습니다. 하지만 이미 사람이 있음을 알아챈 물오리들은 순식간에 사방으로 날아가버리고 말았습니다. 그러더니 마치 어떤 줄에 끌려가기라도 하듯 단숨에 하늘로 날아올라서는 1분 정도 공중에 머물러 있었습니다.

"지금이야, 베니!"

아빠가 방아쇠를 잡아당기라고 신호를 보냈습니다. 하지만 베니는 방아쇠에 손가락을 건 채 꼼짝도 못하고 있었습니다. 그 사이 물오리들은 다른 곳으로 날아가버렸습니다.

"왜 그러니? 왜 총을 쏘지 않았어?"

베니는 안전장치를 닫고 총을 내려놓으며 말했습니다.

"새들이 저렇게 활기차게 살아 있는데……."

베니는 말끝을 흐리며 훌쩍이기 시작했습니다.

잠시 말이 없던 아빠는 이윽고 베니 옆에 앉으며 말했습니다.

"또 한 마리가 왔구나. 다시 한 번 시도해보자!"

베니는 손으로 얼굴을 가린 채 고개를 가로저으며 말했습니다.

"싫어요, 아빠. 전 못해요."

"서둘러라. 자, 안 그러면 날아가버릴 거야."

베니의 마음을 아는지 모르는지 아빠는 막무가내로 다그쳤습니다. 그때 베니의 손에 딱딱한 물건이 닿았습니다. 베니는 살며시 눈을 떴습니다. 그것은 총이 아닌 카메라였습니다.

아빠는 부드럽게 말했습니다.

"새가 언제까지 저기 있지는 않을 거야."

아빠가 크게 박수를 치자 깜짝 놀란 물오리들이 고개를 들어 날개를 펼치고는 하늘 높이 날아갔습니다.

"찍었어요."

베니의 표정이 아주 밝아졌습니다.

"그래, 잘했다."

아빠는 베니의 어깨를 토닥여주었습니다. 베니는 아빠의 표정을 살폈습니다. 아빠의 눈에 실망한 표정 같은 건 없었습니다.

"괜찮아, 베니. 아빠가 사냥을 좋아한다고 해서 너도 좋아해야 하는 건 아니니까. 다만 오늘 같은 태도는 앞으로도 꼭 간직해주면 좋겠구나. 살다 보면 싫어도 어쩔 수 없이 해야 되는 일들이 많거든. 그럴 때, 주위 사람들이나 주변 상황에 끌려가기보다 오늘처럼 원치 않는 일은 하지 않을 수 있는 용기를 발휘하렴."

"아빠……."

베니가 감격한 듯 바라보자, 아빠는 베니의 어깨를 툭 치고 일어나며 말했습니다.

"이제 네가 사진 찍는 법을 가르쳐줄래?"

세상에서 성공을 거두기 위해서는, 타인들에게서 사랑받는 덕과 타인들이 두려워할 만한 뚜렷한 소신이 필요하다.

– 주베르(J. Joubert, 작가)

다른 사람들의 보폭에 맞추려고

굳이 애쓰지 않을 겁니다.

어차피 혼자 걸어가야 하는 인생길,

나에게 맞는 보폭으로, 나에게 맞는 속도로 걸어야

편안하게 오래 갈 수 있을 테니까요.

색안경을 벗고 보면 또 다른 모습이 보이죠

옛날 어느 마을 농가에 물소가 살고 있었습니다. 그 물소는 성격이 온화해서 같은 울타리 안에 사는 황소와도 잘 어울려 지냈고, 주인집 개는 물론 정원의 나무 위에서 뛰노는 다람쥐와도 친분이 두터웠습니다. 가끔 들르는 참새와 비둘기도 상냥하고 친절한 물소와 이런저런 이야기 나누는 걸 좋아했습니다. 이처럼 물소는 누구에게나 자상하고 친절했습니다.

그런데 물소는 까마귀만은 무척 싫어했습니다. 까마귀는 항상 외양간 지붕 위로 날아와 한참 동안 큰 소리로 "까악, 까악" 하고 울어댔고, 쉴 새 없이 수다를 떠는가 하면, 새까만 눈으로 흘겨보기도 했습니다. 물소가 생각하기에 까마귀는 다른 친구들을 전혀 배려하지 않는 듯했습니다. 그래서 물소는 까마귀를 도저히 좋아할 수 없었습니다.

어느 이른 아침, 잠에서 깨어난 물소는 마치 접착제로 단단히 붙인 것처럼 눈을 뜰 수 없었습니다. 한참 만에 눈을 뜨긴 했지만 주위가 뿌옇게 보이면서 아프기까지 했습니다.

혼자서는 도저히 견디기 힘들어진 물소는 친구들의 도움을 받기 위해 먼저 가장 가까이에 있는 황소에게 갔습니다.

"황소야, 너의 혀로 내 눈을 한 번만 핥아줄 수 있겠니? 그러면 내 눈이 훨씬 나아질 것 같은데."

황소는 이 말을 듣더니 단호하게 말했습니다.

"안 돼, 그러면 내 혀에 부스럼이 날지도 몰라."

이윽고 참새가 사뿐사뿐 물소의 발 앞으로 뛰어오며 말했습니다.

"물소야, 안녕! 무슨 일이야? 아침부터 왜 그렇게 울상이야?"

물소는 참새에게 간절히 부탁했습니다.

"참새야, 지금 내 눈에 뭐가 들어갔는지 앞을 제대로 볼 수 없어. 제발 너의 부리로 내 눈에 들어간 걸 쪼아서 꺼내주겠니?"

"미안해. 그러면 내 부리가 닳을지도 몰라. 다른 부탁이라면 내가 얼마든지 들어줄게, 말해봐. 없으면 이만 가볼게!"

참새는 이렇게 말하고는 날개를 파닥거리며 날아가버렸습니다.

실망한 물소는 다람쥐와 비둘기에게도 부탁해봤지만 결과는 마찬가지였습니다.

잠시 후, 주인집 개가 왔고, 개 역시 물소에게서 사정을 듣더니 눈살을 찌푸리며 말했습니다.

"난 어제 저녁에 잠도 제대로 못 잤어. 너도 알잖아. 지금 쉬지 않으면 허리가 끊어질지도 몰라."

개의 엄살에 물소는 더 이상 아무 말도 꺼내지 못했습니다. 지금까지 둘도 없는 친구라 생각했던 동물들 중 그 누구도 어려움에 처한 자신을 도와주려 하지 않자, 물소는 저절로 눈물이 났습니다.

이때 까마귀가 "까악, 까악" 듣기 싫은 소리를 내면서 날아왔습니다. 까마귀는 수심에 가득 찬 물소를 보고 물었습니다.

"어? 물소야, 무슨 일 있어?"

물소는 눈물을 흘리며 까마귀에게 사정을 말했습니다.

"아, 그랬구나!"

까마귀는 잽싸게 와서 물소의 눈을 자세히 들여다봤습니다.

"눈 안에 풀이 들어갔을 뿐이야. 내가 지금 꺼내줄게."

말을 마친 까마귀는 큰 힘 들이지 않고 부리로 쪼아 풀을 꺼내줬습니다. 그러자 물소의 눈도 더 이상 아프지 않았고, 모든 것이 선명하게 보이기 시작했습니다. 까마귀에 대한 고마움과 미안함으로 물소는 결국 울음을 터트리고 말았습니다. 그동안 까마귀에 대한 편견과 미움도 눈물을 따라 씻겨 내려갔습니다.

그날 이후 까마귀는 물소의 가장 좋은 친구가 됐습니다.

친구란, 온 세상이 내 곁을 떠났을 때 나를 찾아오는 사람이다.

\- 영국 격언

잠시 쉬었다 가도
괜찮을 거예요

강둑 위에 있는 수풀에 애벌레 세 마리가 모여 있었습니다. 아주 먼 곳에서부터 기어온 애벌레들은 강 건너에 있는 꽃밭으로 갈 준비를 하고 있었습니다.

첫 번째 애벌레가 말했습니다.

"일단 다리를 찾아야 해. 그런 다음 다리 위로 건너가자. 그래야 다른 애벌레들보다 먼저 도착해서 꿀이 가장 많은 꽃을 차지할 거 아니니."

그러자 두 번째 애벌레가 말했습니다.

"이 황량한 벌판에 다리가 어디 있니? 차라리 배를 하나 만들어서 물 위로 건너가는 게 어때? 그러면 훨씬 빨리 반대편에 도달할 수 있을 테고, 꿀도 더 많이 먹을 수 있을 거야."

마지막으로 세 번째 애벌레가 말했습니다.

"우린 지금 너무 오래 걸어서 지칠 대로 지쳐 있는 상태야. 이틀 정도는 쉬어야 하지 않을까?"

세 번째 애벌레의 말에 다른 두 마리 애벌레는 고개를 갸우뚱했습니다.

첫 번째 애벌레가 말했습니다.

"쉰다고? 정말 웃긴다. 맞은편 꽃밭에 있는 꿀을 다른 놈들한테 몽땅 뺏기고 싶니? 젖 먹던 힘까지 쏟아 부어서 지금 당장 출발해도 될까 말까인데, 여기서 잠이나 자자고?"

이 말이 끝나기도 전에 두 번째 애벌레는 벌써 나무에 올라가 나뭇잎을 접어 배를 만들기 시작했고, 그 배를 타고 강을 건너갔습니다. 첫 번째 애벌레도 곧 강둑 위로 난 작은 길로 기어 올라가서 강을 건널 다리를 찾아 떠났습니다.

혼자 남은 애벌레는 나뭇잎 아래에 누워 꼼짝도 하지 않았습니다. 꿀을 먹는 것도 좋지만, 여기서 솔솔 불어오는 시원한 바람을 맘껏 즐기는 것도 나쁘지는 않았습니다. 강에서는 물 흐르는 소리가 자장가처럼 들려오고, 산들바람이 불자 나뭇잎들은 아기요람처럼 흔들리고 있었습니다. 애벌레는 자기도 모르게 스르르 잠이 들고 말았습니다.

시간이 얼마나 지났을까. 잠에서 깨어난 애벌레는 어느새 아름다운 나비로 변해 있었습니다. 날갯짓을 몇 번 하자 몸이 솜털처럼 가

볍게 날아올랐습니다. 애벌레는 건너편 강까지 날아갔습니다. 그곳에는 아름다운 꽃들이 만발해 있었고, 꽃마다 달콤한 꿀이 넘쳐나고 있었습니다. 애벌레는 나머지 두 친구가 그리웠지만, 꽃밭을 아무리 샅샅이 뒤져도 그 둘을 찾을 수가 없었습니다. 한 친구는 길 위에서 쓰러져 죽었고, 다른 한 친구는 강물에 휩쓸려갔기 때문이었습니다.

인생은 경주가 아니야. 누가 1등으로 들어오느냐로 성공을 따지는 경기가 아니지. 네가 얼마나 의미 있고 행복한 시간을 보냈느냐가 바로 인생의 성공 열쇠란다.

- 마틴 루터 킹(Martin Luther King, 목사)

삶에는
용기가 필요해요

어느 날 바다에서 돌아온 어부들이 열다섯 살 소년 안토니오의 집에 찾아와 슬픈 소식을 전했습니다. 풍랑으로 배가 뒤집히는 바람에 아버지가 그만 목숨을 잃었다는 것입니다. 그러고는 다 망가져버린 배를 안토니오에게 전해줬습니다. 그는 비통한 심정으로 아버지의 배 위에서 한참을 울었습니다.

다음 날, 안토니오는 마음을 가다듬고 아버지의 배를 고치기 시작했습니다. 그때 그의 친구가 안토니오를 위로하러 왔습니다.

"배는 왜 고치고 있어? 설마 너도 바다에 나가려고?"

"응. 이제 내가 아버지를 대신해야지."

"뭐라고? 너는 무섭지도 않니?"

"뭐가 무서워?"

"당연히 바다지! 너희 아버지도 바다에서 돌아가셨잖아."

"그래 맞아. 하지만 어부는 바다를 무서워하지 않아."

친구는 안토니오의 자신감에 놀라며 다시 물었습니다.

"네 할아버지는 무슨 일을 하셨니?"

"그분도 어부셨어. 그런데 바다에서 폭풍우를 만나서 돌아가셨지. 증조할아버지 역시 바다에서 돌아가셨어."

"이상하네. 너희 집안 식구들이 모두 바다에서 죽었는데도 계속해서 바다에 나가 고기를 잡으려 하다니……."

이번에는 안토니오가 친구에게 물었습니다.

"네 아버지는 어디서 돌아가셨니?"

"집에서 주무시다 돌아가셨어. 연세가 많으셨거든. 돌아가신 그날 하인이 아버지를 깨우러 갔을 때는 이미 돌아가신 후였지."

"할아버지와 증조할아버지는?"

"두 분 다 오랜 지병으로 집에 누워 계시다 돌아가셨대."

"맙소사! 어른들이 모두 집에서 돌아가셨는데, 너는 어떻게 아직도 그 집에 살고 있니? 무섭지 않아?"

이 말을 들은 친구는 아무 대꾸도 하지 못했습니다.

죽으려고 하는 것보다

살려고 하는 편이 대체로 훨씬 많은 용기가 필요하다.

- 알피에리(Vittorio Alfieri, 작가)

오늘 걱정은 내일이면 아무것도 아니에요

몰은 2차 세계대전 중에 미국 잠수함에서 관측병을 맡고 있었습니다.

어느 화창한 아침, 그는 인도양을 따라 항해하다가 잠망경으로 구축함 한 척과 유조선 한 척, 수뢰정 한 척으로 이루어진 일본 군함이 자기들 쪽을 향해 바짝 다가오고 있는 것을 발견했습니다. 잠수함은 맨 뒤에 있는 일본의 수뢰정을 향해 서둘러 공격할 준비를 했지만, 그때는 이미 일본 군함의 수뢰정에서 발사한 수뢰가 잠수함을 향해 돌진해오고 있었습니다. 공중에서 정찰을 하던 일본 비행기가 잠수함의 위치를 발견해 수뢰정에 통보해줬던 것입니다. 수뢰를 피하기 위해서는 급히 잠수해야만 했습니다.

3분 후, 여섯 발의 수중 폭탄이 잠수함 주위에서 아슬아슬하게 터졌고, 잠수함은 이를 피하기 위해 수심 83미터까지 내려갔습니다. 만약 이 폭탄 중 한 발이라도 잠수함 5미터 반경 내에서 터진다면, 선체에 커다란 구멍이 뚫릴 상황이었습니다. 잠수함은 피해를 최소화하기 위해 모든 전력과 동력 시스템을 꺼버렸고, 선원들도 모두 침대 위에 조용히 누웠습니다. 몰은 너무 무서워서 숨조차 제대로 쉴 수 없었습니다. 그는 끊임없이 자신에게 물었습니다.

'난 결국 여기서 죽는 것일까?'

몰은 잠수함 안에서 숨죽인 채 식은땀만 흘리고 있었습니다. 일본의 수뢰정이 계속해서 수뢰를 발사한 그 15분이 몰에게는 15만 년보다 더 길게 느껴졌습니다. 그 긴박한 상황 속에서 과거의 행복했던 일, 운 나빴던 일, 쓸데없이 걱정했던 일들이 몰의 눈앞에 하나씩 스쳐가기 시작했습니다.

몰은 해군에 입대하기 전, 세무서의 말단 직원이었습니다. 그는 항상 그 일이 피곤하기만 하고 재미도 없다며 투덜대곤 했습니다. 그 다음에는 보수가 너무 적다고, 승진할 가능성이 전혀 없어 보인다고 불평했습니다. 이러다가 결국, 집 장만도 못하고, 새 차도 못 살 거라고 걱정했습니다. 게다가 저녁에 집에 돌아오면 늘 사소한 일로 아내와 다투기까지 했습니다.

당시에는 심각하게 생각했던 걱정과 번민들이 잠수함 속에서 죽음만 기다리고 있는 상황이 되자, 그렇게 하찮아 보일 수가 없었습니다.

그는 스스로에게 다짐했습니다.

'내가 살아서 파란 하늘을 다시 볼 수만 있다면 앞으로 걱정 같은 건 절대로 하지 않을 거야.'

몰이 그런 생각을 하고 있는 동안 모든 포탄을 투하한 일본함대는 퇴각했고, 그가 탄 잠수정은 다시 수면으로 떠올랐습니다.

그 후, 전쟁이 끝났고, 몰은 귀국해 다시 일을 시작했습니다. 이제 그는 자신의 삶이 너무나도 사랑스러웠습니다. 그리고 앞으로 어떻게 해야 행복하게 살 수 있을지 알 것 같았습니다.

봄에는 꽃이 피고, 여름에는 시원한 바람이 불고, 가을에는 달이 밝고, 겨울에는 눈이 내리니, 쓸데없는 생각만 마음에 두지 않으면 언제나 한결같이 좋은 시절일세.

- 무문선사(無門禪師, 송나라 명승)

그래도 살아갈 만한 게 인생이에요

인간이 되고 싶은 진흙 불상이 있었습니다.

비바람이 심하게 몰아치던 어느 날, 길에 서 있던 불상은 피할 곳을 찾고 싶었지만, 혼자서는 움직일 수도 없거니와 그렇다고 누군가에게 도움을 청할 수는 더더욱 없어 온몸으로 비바람을 고스란히 맞고 있었습니다. 그러자 불상은 인간이 되고 싶은 마음이 더욱 간절해졌습니다.

'인간이 되면, 자유롭게 살아 움직이면서 마음대로 여기저기 다닐 수 있으니 얼마나 좋을까? 이렇게 속수무책으로 비바람을 맞고 서 있을 필요도 없을 테고 말이야.'

그때 마침 길게 수염을 늘어뜨린 한 노인이 지나갔습니다. 그런데 몇 걸음 지나치던 노인은 길을 멈추고 불상 앞에 멈춰 서더니 이렇게 말하는 것이었습니다.

"사람이 되고 싶다고?"

신통한 능력을 가진 그 노인이 불상의 생각을 읽은 것이었습니다.

"네. 제발 저를 사람으로 만들어주세요."

불상이 기대에 부풀어 말했습니다. 노인은 씩 웃더니, 팔을 한 번 휘둘렀습니다. 그러자 불상은 정말로 살아 움직이는 청년이 되었습니다.

기뻐 어쩔 줄 모르는 불상에게 노인이 말했습니다.

"자네가 정말 사람이 되길 원한다면 그렇게 될 수 있어. 단, 반드시 나와 함께 인생의 길을 한번 지나가 봐야 하네. 만약 자네가 인생의 고통을 참아내지 못한다면 난 자네를 다시 원래대로 돌려놓을 걸세."

청년이 된 불상은 노인을 따라 어느 낭떠러지에 다다랐습니다. 그곳에는 '삶'과 '죽음'이란 이름이 붙여진 두 개의 낭떠러지가 마주보고 있었고, 그 사이에는 작은 쇠고리를 하나씩 엮어 만든 매우 긴 구름다리가 놓여 있었습니다.

"자, 이제 이쪽 끝에서 저쪽 끝까지 걸어가게."

노인은 소매를 한 번 털더니 청년을 구름다리 위로 밀었습니다. 청년은 벌벌 떨면서 크고 작은 쇠고리의 끝부분을 밟아가며 앞으로 걸어갔습니다. 하지만 몇 걸음도 못 가서 발을 헛디뎌 순식간에 쇠고리 가운데에 몸이 끼고 말았습니다. 숨조차 제대로 쉴 수 없게 된 청년은 양팔을 저으며 큰소리로 도움을 청했습니다.

"으악! 아파죽겠어요! 살려주세요!"

"자네 스스로 빠져나오게. 이 길에서 자네를 구할 수 있는 건 바로 자네 자신뿐이야."

앞에 서서 구경만 하고 있는 노인에게 바짝 약이 오른 청년은 필사적으로 몸을 비틀어 고리에서 간신히 빠져나왔습니다.

고리에서 빠져나온 청년이 땅을 보며 말했습니다.

"너는 도대체 무슨 고리이기에 날 이렇게 고통스럽게 하느냐?"

"나는 명예와 욕망의 고리다."

발밑의 쇠고리가 대답했습니다.

계속해서 앞으로 걸어가던 청년은 저 멀리서 자신을 향해 미소 짓고 있는 미인을 발견했습니다. 청년은 완전히 넋을 잃고 걷다가 또 발을 헛디뎠고, 다시 고리에 몸이 끼이고 말았습니다.

"살…… 살려줘! 너무 아파!"

청년은 새파랗게 겁에 질려 다시 도움을 청했습니다. 사방은 쥐 죽은 듯이 고요했습니다. 그의 말에 대답하는 사람도 없었고, 그를 도와주러 오는 사람 또한 없었습니다. 이때 긴 수염의 노인이 다시 나타나 느긋한 목소리로 말했습니다.

"내가 말하지 않았나. 이 길에서는 아무도 자네를 도와줄 수 없으니 자네가 스스로를 구해야 한다고."

청년은 젖 먹던 힘까지 짜내 쇠고리에서 빠져나오기는 했지만, 기진맥진하여 쇠고리 사이에 쓰러진 채 숨만 겨우 쉴 뿐이었습니다.

"방금 이건 어떤 고통의 고리였지?"

"나는 여색의 쇠고리다."

발밑의 쇠고리가 대답했습니다.

그는 자신의 힘으로 쇠고리 사이에서 빠져나왔다는 생각에 가슴 벅찬 보람을 느꼈습니다. 그리고 지금까지 잘 버텨온 자신이 무척 대견했습니다. 그는 문득 깨달았습니다.

'고생 끝에 이런 행복도 오는구나!'

달콤한 휴식 뒤에 청년은 다시 길을 재촉했습니다. 그러나 그것이 끝은 아니었습니다. 이후에도 그는 욕망의 쇠고리, 시기의 쇠고리, 원한의 쇠고리에 차례로 빠졌습니다. 이 모든 고통의 쇠고리들을 간신히 통과한 청년은 더 이상 앞으로 걸어갈 힘이 없었습니다. 고개를 들어 앞을 보니 아직도 갈 길은 까마득하기만 했습니다.

"노인장! 노인장! 더 이상 못 가겠어요. 인생의 길이고 뭐고 다 필요 없으니, 제발 저를 원래 있던 곳으로 데려다 주세요!"

청년이 크게 소리 지르자 긴 수염의 노인이 다시 나타났습니다. 노인이 팔을 한 번 휘두르자 둘은 어느새 예전의 그 길가로 돌아와 있었습니다.

노인이 다시 한 번 물었습니다.

"인생에는 수많은 고통이 있기는 하지만, 고통을 이겨낸 후에는 행복함과 보람도 느낄 수 있다네. 자네도 아까 맛보지 않았는가! 그런데도 정말, 인생을 포기하고 싶은가?"

"인생의 길에 고통은 넘치도록 많고, 그에 비해 기쁨과 쾌락은 너무나 짧고도 적어요. 그럴 바에는 차라리 불상으로 사는 게 더 낫겠어요. 저는 이미 마음을 굳혔어요. 두 번 다시 인생을 살고 싶지 않아요."

청년은 단호하게 말했습니다. 그러자 노인은 긴 소매를 한 번 휘둘렀고, 청년은 다시 원래의 모습인 진흙 불상이 됐습니다.

'이제 더는 인간세상에서 겪은 고통 따위는 겪을 일 없겠지?'

불상은 원래의 모습으로 돌아온 것을 기뻐하며 금세 평온해졌습니다. 그러나 그 평온함은 오래 가지 못했습니다. 며칠 후, 한바탕 폭우가 쏟아졌고, 진흙으로 만들어진 불상은 순식간에 한 줌의 흙더미로 변해 흔적도 없이 사라져버리고 말았습니다.

오랫동안 내게는 언제나 진정한 인생이 막 시작되려는 것처럼 보였다. 하지만 항상 먼저 해결해야 하는 장애나 끝내지 못한 일, 노력해야 할 시간, 갚아야 할 빚이 그 앞에 버티고 있었다. 그렇게 인생은 시작됐고, 마침내 나는 이러한 장애가 바로 인생이라는 생각을 하기에 이르렀다.

- 리처드 칼슨(Richard Carlson, 심리학자·작가)

여유를 가지면 더욱 살 만한 세상이에요

옛날 어느 밭둑에 들쥐들이 마을을 이루어 살고 있었습니다. 여름이 막바지에 이르자, 쥐들은 겨울을 나기 위해 과일이나 곡식과 같은 먹이를 모아서 저장하느라 분주했습니다. 그런데 모스크만은 예외였습니다.

"모스크, 넌 왜 일 안 하니?"

친구들이 묻자, 모스크가 대답했습니다.

"일하고 있어."

"그래? 그럼 지금 무슨 일을 하고 있는데?"

"햇볕과 색깔과 시詩를 모으는 중이야."

"뭐라고?"

친구 들쥐들은 순간, 무슨 말인지 몰라 서로의 얼굴을 바라보더니, 이내 깔깔거리며 모스크를 비웃었습니다.

"얘들아, 모스크가 햇볕과 색깔과 시를 모으는 중이래."

"하하하. 쟤는 자기가 하느님이라도 되는 줄 아나봐."

"그러게 말이야. 일하기 싫으니까 핑계 대는 것 좀 봐."

모스크는 친구들의 놀림과 비웃음에도 아랑곳하지 않고 하던 일을 계속했습니다.

이윽고 겨울이 찾아왔고, 혹독한 추위가 계속됐습니다. 들쥐들은 모스크가 슬슬 걱정되기 시작했습니다. 그들은 먹을 것을 조금씩 가지고 모스크의 집으로 찾아갔습니다.

"모스크, 넌 겨울을 어떻게 나고 있니? 네가 모아둔 것들은 어디 있어?"

"모두들 잘 왔어. 그럼 지금부터 내가 모아둔 것들을 보여줄게."

모스크는 첫 번째 저장품을 들고 오면서 말했다.

"자, 내가 저장해둔 햇볕이야."

그러자 어두컴컴한 쥐구멍이 한순간에 밝아졌고, 들쥐들은 봄 햇살의 따뜻함을 느낄 수 있었습니다. 친구들이 다시 물었습니다.

"그럼 색깔은 어디에 있니?"

"이번에는 모두들 눈을 감아봐."

친구들이 눈을 감자, 모스크는 빨간 꽃과 푸른 나뭇잎과 노란 곡식을 묘사하기 시작했습니다. 그 말이 어찌나 생동감이 넘치던지, 마치 한여름 들판의 아름다운 경치가 눈앞에 펼쳐져 있는 것 같았습니다. 친구들은 신기해하며 다시 물었습니다.

"그럼, 네가 말한 '시'라는 건 뭐니?"

그러자 모스크는 가슴 찡한 사랑의 시를 읊기 시작했습니다. 친구들은 곧 시에 흠뻑 빠져들었습니다. 감동에 겨워 눈물을 흘리는 친구도 있었습니다.

"모스크, 너 정말 굉장한 시인이구나!"

그날 이후, 모스크의 집은 날마다 들쥐 친구들로 북적거렸습니다. 그들은 모두 함께 먹을 간식을 가지고 와서는 모스크가 선사하는 햇볕과 색깔과 시를 만끽했습니다. 덕분에 들쥐마을의 모든 이들은 마음 따뜻한 겨울을 보낼 수 있었습니다.

행복한 인생을 위해 그렇게 많은 것이 필요하지는 않다.

— 아우렐리우스(Marcus Aurelius, 로마 황제)

내가 있는 곳이 곧 천국입니다.

推開智慧之門
作者：秦楡

잊고 있던 행복을 찾았습니다

초판 1쇄 발행 2015년 11월 12일
초판 3쇄 발행 2017년 5월 8일

지은이 친위
옮긴이 박장욱
펴낸이 이종근

편집장 은영미 편집 유라미
디자인 변영은 일러스트 이수희
마케팅 황호진 경영관리 김규환 박세진

펴낸곳 나라원 출판등록 1988. 4. 25(제300-1988-64호)
주소 서울 종로구 종로53길 27(창신동) 나라원(우. 03105)
전화 02-744-8411(대표) 팩스 02-745-4399
홈페이지 www.narawon.co.kr 이메일 narawon@narawon.co.kr

ISBN 978-89-7034-241-2 (13810)

* 잘못 만들어진 책은 구입하신 서점에서 교환해드립니다.
* 책값은 뒤표지에 있습니다.